古代字書輯刊

文字蒙求

〔清〕王筠撰

中華書局

圖書在版編目(CIP)數據

文字蒙求/(清)王筠撰.—2版.—北京:中華書局,2012.10(2021.12重印)

(古代字書輯刊)

ISBN 978-7-101-08648-5

Ⅰ.文… Ⅱ.王… Ⅲ.漢字-古文字學 Ⅳ.H162

中國版本圖書館CIP數據核字(2012)第075588號

古代字書輯刊

文 字 蒙 求

〔清〕王 筠 撰

*

中 華 書 局 出 版 發 行

(北京市豐臺區太平橋西里38號 100073)

http://www.zhbc.com.cn

E-mail:zhbc@zhbc.com.cn

北京市白帆印務有限公司印刷

*

787×1092毫米 1/16 · 15¼印張 · 2插頁 · 300千字

1962年10月第1版 2012年10月第2版

2021年12月北京第11次印刷

印數:58051-58950冊 定價:54.00元

ISBN 978-7-101-08648-5

出版説明

王筠（一七八四——一八五四），字貫山，號菉友。清山東安丘人，道光元年（一八二一）舉人，曾任山西鄉寧知縣。他的著作有《説文釋例》《説文解字句讀》《文字蒙求》等。

《文字蒙求》是爲指導兒童識字而編寫的，王筠在《自序》中引他的朋友陳雪堂的話説：「人之不識字也，病於不能分。苟能分一字爲數字，則點畫必不可以增減，且易記而難忘矣。苟於童蒙時先令知某爲象形，某爲指事，而會意字即合此二者以成之，形聲字即合此三者以成之，豈非執簡御繁之法乎？」王筠以此爲原則，從《説文解字》中摘取兩千多字，並列楷書和篆文，依照許慎的解釋再加以申説。

各字的編排不依照《説文解字》，而是從文字構造的基礎，分爲象形、指事、會意、形聲四卷。

雖然本書是爲教人識字而作，但因書中訂正《説文解字》之處頗多，因而對於有關研究者也有參考作用。

該書原名《字學蒙求》，道光十八年（一八三八）陳山嵋手寫付刻。後來經過王筠修正重訂，改用今名並再刻於道光二十六年（一八四六）。

中華書局一九六二年根據重訂本影印。這次重印，製作了筆畫和音序兩個索引，以方便讀者使用。

中華書局編輯部

二〇一一年五月

目録

卷三　會意

雪堂謂筠曰。人之不識字也。病於不能分。苟能分一字爲數字。則點畫必不可以增減。且易記而難忘矣。苟於童蒙時先令知某爲象形。某爲指事。而會意字卽合此二者以成之。形聲字卽合此三者以成之。豈非執簡御繁之法乎。惟是象形則有純形。有兼意之形。有兼聲之形。有聲意皆兼之形。指事則有純事。有兼意之事。有兼聲之事。有聲意皆兼之事。不可不辨也。至於會意。雖卽合形事以爲意。然有會兩形者。有會兩事者。有會一形一事者。亦有會形聲字者。且或以順遞爲意。或以竝峙爲意。或於字之部位見其意。或从是字而小變其字之形以見意。或以意而兼形。或以意而兼事。或所會不足見意而意在無字之處。或所會無此意而轉由所从與从之者以得意。而且本字爲象形指事。而到之卽可成意。反之卽可成意。省之增之又可以成意。疊二疊三無不可以成意。且有終不可會而兩體三體各自爲意者。此其變化。又不可不詳辨也。至於形聲。則由篆變隸大異本形者必采之。爲它字之統率者必采之。不過三百字而盡。總四者而約計之。亦不過二千字而盡。當小兒四五歲時識此二千字。非難事也。而於全部說文九千餘字。固已提綱挈領。一以貫之矣。余久欲勒爲一書。而夙夜在公。未之能成。然終以爲訓蒙之捷徑也。於棻友何如。筠曰。善。爰如雪堂意纂之。於象形指事會意字雖無用者亦皆採輯形聲字所收者四類總二千餘字而已誠約而易操者乎。說解取其簡或直不加注兼以誘之讀說文也。篆文悉依鐘鼎。以說文傳寫有譌也。恆見字不加音切。不欲其繁也。既成以示雪堂。雪堂曰。善適錢楳爲我栞正字略。即以是書報謝之。雪堂者陳其姓。山嵋其名。筠之同年友

也。銕菴者。楊其姓。承注其名又雪堂之同年同部友也皆奇士。與筠善。道光十有八年戊戌十二月三日安邱王筠序

雪堂兩孫已讀書小者尤慧促我作此敎之識字遂不日成之不料雪堂未加診視遽付之梓蓋其爲人狷介而堅确我所素重而談及六書又惟吾言是聽故也丙午長夏時當收麥案牘甚希略加改易使就繩墨再刻之期不負執友

鄭重之意焉閏月十二日丙申㝯友筠記於鄉

甯署齋

文字蒙求卷一 以下二卷列字率以類聚

象形

易曰百官以治萬民以察知文字爲記事而作如今之帳簿而已有實字無虛字後世之虛字皆借實字爲之也字因事造而事由物起牛羊物也牟芈則事也艸木物也出乇𠂹卤皆事也故班書藝文志曰六書謂象形象事象意象聲轉注假借其次第最允說文及周禮鄭注皆不及也鐘鼎象形字皆畫成其物隨體詰屈李斯變爲小篆欲其大小齊同不能無所伸縮遂有不象者矣茲兼采古文以便

初學

日日中有黑影，初無定在，卽所謂三足烏者也。

月月圓時少，闕時多。且讓曰：故作上下弦時形也。中一筆本是地影，詞藻家所謂顧兔桂樹也。

雲云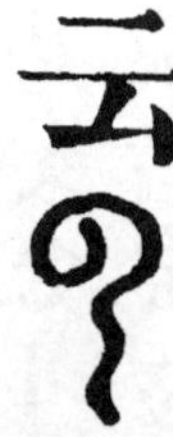雲与煙同形，下細上大，倒轉字，卽是云字。再加雨爲雲，遂成形聲字。

雨一象天，丨則地气上騰也。冂則天气下降也。陰陽和而後雨，點則雨形。

申電之古文也。電光閃爍，有長有短，字形象之。說文電下云從申，虹下云申電也，皆可證。

气此雲氣之正字。籀文作，小篆作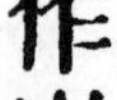，不復成爲象形。經典作乞而訓爲求，本是假借，借用既久，遂以氣代气。氣乃餼之古字，又作旣槩，論語不使勝食氣，中庸旣稟稱事。

此古字古義之僅存者。

火

火之形。上銳而下闊。其點則火星迸出者也。

山

其上峯也。其下巖穴也。

厂

籀文作厈。呼旱切。山石之厓巖人可居者也。峭直者山之體。橫出而下覆者厓之形。

𠂤

俗作堆。小阜也。故其形殺於𠂤。

阜

大陸山無石者。其字如畫坡陀者然。層層相疊者也。上不起峯。故曰無石。

氏

巴蜀名山岸脅之旁著欲落㪔者曰氏。

水

此字當橫看。如畫水者然。長短皆水紋也。益字所从。當是本形。

泉

上半象泉形。下半象流出成川形。

川

貫穿通流水也。

井

外象井韓。內象汲缾。

仌仌 初寒，蹙凌作此形。大寒，冰裂，亦作此形。冰凝本一字。今以冰代仌，專以凝爲凝聚字。爾雅：冰，脂也。郭注：莊子云：肌膚若冰雪。冰雪，脂膏也。卽詩膚如凝脂也。是以冰爲凝之僅存者。李陽冰之兄名堅冰，而少溫自篆其名作冰，誤也。今人讀作李陽凝者，非。

土土 二象地之下、地之中；丨，物出形也。

田田 外象封畛。內象阡陌。

𠃬𠃬 古又作𠷎，今作嚋。篆當作乁。既耕既䥯[bei]之形也。

𩫏𩫏 回象內城外章。上下則兩亭相對也。今借用郭。郭本作䣢，國名也。𩏂今亦作𩏂，章又爲墉之古文。

厽厽 力軌切。絫坺土爲牆壁也。坺，一臿土也。吾鄉河邊生菝，以臿裁其土爲方，𤼵而乾之，以絫牆，謂之菝墼，卽此坺也。厽象衆坺重緐之形。目巧所成。不能正方。故作鐵形。

右天地類之純形

君 象君坐形

臣 象屈服之形

民 凡人形字面皆向左。君作正面形。臣及小篆民皆向右。歸向其君之意也。古文𢦏中央似毋字。上下似弟字。蓋蚩氓之狀也。

弟 上象丱角。下象足。從兒之狀也。說文以爲形聲字。似非。

人 象臂脛之形。臂下垂。与脛相屬。故兩而不四。

儿 人之奇字

子 上象首。中象臂。小兒之手不能下垂。故上揚也。下象股。一而不兩者。在緥中也。

女 蓋象斂抑之狀

心 中象

心形。外兼象心包絡也。

百首　二字同。上字但象頭形，下字加髮。

囟　息進切。亦作脖。頭會腦蓋也。

目　古文本横，小篆直之，取偏旁易於配合也。

自白　二字同。古鼻字也。今人言我，自指其鼻，蓋古意也。

口　象上下脣之形。

牙　當口上下齒謂之齒，在頤內者謂之牙，虎牙亦曰牙。牙形平，故象其上下相切之形。

𦣝　頤之古文。頷也。

耳　外象輪郭，注中者竅也。

𦓐　嗌之籀文。咽喉也。上象口，下象頸脈理也。

亢　古郎切。人頸也。亢承首之下。人以象頸頰，八則亢形。

一則中央之高骨也，俗作吭。

冄　𦓐之古文也，俗作髯。廣韻汝鹽切，乃古音；唐韻而剡切，六朝變音也。

而　頰毛也。口上曰𦓐，故𦓐字左右分披；而益脣下之須，故下垂也。周禮曰：作其鱗之而，則獸毛也。之古作㞢，象項毛上衝之形。而亦謂頦下毛也。

厶　亦作厷、肱。

手　上象五指，下象掔。

𠂇　臧可切，左手也。三指者，約之也。

又　右手也。古之𠂇又，今用左右；古之左右，今作佐佑。

呂　同膂，脊骨也。脊骨廿一椎，象椎与椎相連有筋系之。

乖　古懷切，背呂也，象脅肋形。案呂乖身躬膂背，一體而六名。膂今作脊。

止　古趾字。上象足指，下象跟。

力 筋也。象筋形。

幺 於堯切。小也。象子初成之形。初成者，謂胞胎之中，初成人形也。說文解包字曰：巳在中，象子未成形。案包者胞之古文，包中子未成形，以巳象之；已成形則以幺象之。廣雅曰：四月而胞，七月而成，是也。爾雅幺幼，亦謂小豕，故知爲象形。

工 象人有規矩也。

尸 象臥人之形。

鬼 有首有足，仍是人形。論語非其鬼，周禮人鬼，皆謂人之祖先。許君以陰私賊害說从厶之意，是厲鬼也，非字之本意。鬼爲人所不見，惟聖人知其情狀，故制此字。祇當以爲象形，不可分析說之，闌入會意。

右人類之純形

鳥 長尾禽之總名。上象首，左出者喙，注中者目，右出者四筆，其一頸上之翁也，二三翼也，其四尾也，又象足。

隹 職追切，短尾禽之總名，与鳥字同法，但尾短耳。左方下出之筆，聊以象足。鐘鼎文作　則別作足。

朋 古鳳字

乙 鳥轄切，燕也，亦作鳦。

燕 此背面形也，廿象籋口，口象舂，北象張兩翅，火象尾。

舄 古鵲字

烏 字形同鳥而少目者，烏色黑，目色与身色不別也。

於 古烏字，象其飛形，小篆烏則立形。

焉 鳥名

羽 象鳥兩翅形，彡則所謂六翮者也。

卵 鳥卵圓，其形不能確

象此葢象魚卵也有膜裹之如袋而兩袋相比注中者卵也

許救切此畜牲之畜之古文象耳頭足內地之形

上曲者角也丨之上為項之高聳處中則身末則尾一則後足也此自後視之之形牛行下首故不作首又無前足者為腹所蔽也

上象角下象四足及尾

左象首及四足一尾彡象鬣小篆之鬣連於首

上象頭耳下祇兩足者凡善走之物多作兩足如兔兕之類或曲其足如鹿昆之類疾走則足曲且走既疾則恍忽祇見兩足也

豬面凹四足竭尾

音弟羊至切修豪獸也又河內呼豕為㣇

平加切。豕也。上象頭，下象足。

鹿　上象中角旁耳。鹿善顧，故喙右向而上揚。左之下池者胸也。乚象脊。从象足。翹然脊上者尾也。

廌　宅買切。解廌也。似山羊，一角。此字大略似鹿，惟上象一角兩耳，四足如馬，尾齊足，亦如馬，不似鹿之曲足竭尾也。

象　長鼻異於他獸

虎　象蹲踞形

兕　徐姊切。如野牛而青。

池爾切。獸長脊也。一曰有足謂之蟲，無足謂之豸。

兔　象踞，後其尾形

丑略切。似兔，青色而大。

鼠　此字當橫看，犬首伏身曳尾。

莧　胡官切。山羊也。象角首足尾之形，不可謂之从省。

𩳁 符未切，一名土螻，一名梟羊，成王時，州靡國獻之。此獸四角，㠯蓋角形，本向外，寫者改之耳。

离 吕支切，山神獸也。虞氏易離卦作离，此及禹禼萬三字，皆全形，不可如許君分爲兩體三體。

易 蜥易也。

虫 許偉切，音虺。蝮也。

蟲 小蟲之屬好類聚，故三之。用爲偏旁，則不便書寫，故作虫，非必虫爲蝮之專名也。大頭曲身垂尾，蟲形皆然。融𧗡一字，足徵虫蟲一字矣。

禹 蟲也。

禼 音偰，蟲也。漢書用爲堯司徒之契。

萬 蟲也。蓋古文蠆字，古名蠆，今名蠍。此篆固蠍形也。

蠆 丑芥切，毒蟲也。疑此卽萬字變文。

魚　魚及兔之喙皆銳，角亦銳，其上皆作⺈，蓋象其銳也，勿以爲人字。

龜　上首也，左足也，右甲也，下尾也。

它　託何切，古蛇字，今分蛇音食遮切。

巴　蟲也，或曰食象蛇。

巳　詳里切，蛇也。

黽　蝦蟇也，銳首大腹，籀文加足。

角　上象其尖，下象其體，中象其理。

肉　胾肉也，胾大臠也。

皮　說文以爲意兼聲字，竊以爲象形字，此初剝之皮，柔偄委隨之狀也。

革　皮已去毛曰革，平張之狀也。說文以爲意兼聲字，似誤。

毛

番之古文。

亦作蹏。獸足也。禸禸人九切獸迹也。

右動物之純形

來來來麥也。上出者穗。左右四葉。麥受四時全氣。故出地者四節而四葉也。禾禾穀也。穀穗必垂。上揚者葉。下注者根。朮朮秫之古文。上象大穗。八象其皮。皮離於莖者。著其用也。可爲席。尗尗菽之古文。初生曲項。故上曲。一地也。下其根也。∴則所謂土豆也。生細根之上。豐年乃堅好。米米米形難象。點以象其細碎而已。十則界畫之也。𣏟𣏟匹卦切。葩之總名。實則古𤕰字也。見說文玉篇。種𤕰必櫛比。故重複以象之。𤕰則既治者。故藏之广中也。

韭 韭族生而上平。字之上半象之。一則地也。

瓜 外象蔓。內象實。

草 古艸草分兩字。草即皁。橡實也。艸必叢生。故兩之。

丰 音介。艸蔡也。即艸芥也。經典借芥及介用之。字形象其散亂。

竹 竹葉必下垂

木 中榦上枝下根

叒 若木之若之正字。當以鐘鼎文爲正。

桼 木名。點象其汁之下滴也。漆。水名。今通用。

甲 木初生戴孚甲也。易曰甲坼。

右植物之純形

糸 莫狄切。細絲也。絲 集韻以糸絲爲一字。猶屮艸虫䖵之即一字也。各有从之者。斯分糸別作覓音。冃 古帽字 巾 以上二字各自象形。不必謂之从冂也。冂 古冪字。音覓。求 古裘字 鼎 中腹旁耳下足 舟 字當橫看。左舷右底。上爲舟尾。曲則容柁處也。方 併船也。象兩舟省總頭形 車 當橫看。方者輿。長者軸。夾輿者輪。自後觀之。則見兩輪如繩直也。不作輈者。小車一輈。大車兩轅。形不畫一。不能的指。且有無輈之車也。鬲 郎激切。鬲屬古文兼

象釜上气

豆 上象腹中有實下則校与足也小篆實在腹上

壺 上蓋下腹

勺 匕 柶也勺匕同形特柄有在上在下之異所以相避也

斝 此酒斗之斗之正字亦作鏗

酉 古酒字象尊罍形中有酒也許君以酒事說之而酒字即在本部部中字又無一非酒事可以決之丣自是卯丣字不可合爲一

主 象鐙形

几

且 象俎形

琴

弓 當作弛弓形也左垂者弦

矢 當作

刀

戈

[illegible]矛矛

勿勿𣃘　旗名。周禮大夫士建物，物即𣃘之譌。

㫃　音偃，旗旒也。

冊冊　楚革切，符命也。象其札一長一短，中有二編之形。

曶回　曶之籀文，今作笏。穆天子傳作曶。

卩卩　此符節之節之正字，象相合之形。節，竹約也。

玉王　三畫正均為玉，象三玉之連，丨其貫也。

丹丹日　巴越之赤石，外象采丹井，丶象丹形。

貝貝　海介蟲也，古以為貨，至周有泉，至秦廢貝行錢。

其其　古箕字。

丌丌　音箕，今謂之架。

互互　亦作䇘，收繩之器也。

叀叀　古蕢

字。貴古作贇，从臾聲。

斗　古斗有柄。

斤　斫木之器。蓋即今之錛也。

网　亦作罔网網。

率　捕鳥网也。象絲网。上下其竿柄也。

曲　象器曲受物之形。或曰蠶薄也。今作苗。

皿　音猛。飲食器也。

甾　側詞切。缶也。

缶　方九切。盛酒漿之瓦器。

凵　去魚切。又作笶。凵盧。飯器也。

也　古匜字。沃盥器也。

𠦒　北潘切。箕屬。所以推弃之器也。其下爲柄。

广　音儼。此堂皇之形。前面無牆。

宀　武延切。此四面有牆之屋。

㐭　古廩字。上象屋形。下象戶牖。慮

米霉變也。囪囪囪古窗字門門門門从二戶戶戶

戶半門曰戶瓦瓦壼壼苦本切。宮中道。亅𠄌鉤逆

者謂之亅。讀若橜。案此讀若，直以亅爲橜之古文也。蕬卽今之倒鬚鉤。故曰逆。

右衣服器械屋宇之純形

右五類皆純象形者通爲一類。凡一百八十二文

𢎘𢎘音含。又乎感切。舌形也。又花蘂形也。彡彡所銜切。毛飾畫文也。形參之類。皆毛飾之事。彤彰之類。皆畫文之事。

回回回回淵形也。又雷形也。

右一字象兩物形者

虍　荒烏切。虎文也。省虎之儿。儿是去骨肉而存皮也。

丫　工瓦切。羊角也。省羊之下半。但存角也。

彑　音蹶。居例切。豕頭銳也。省彖之下半。但存頭也。

甶　敷勿切。鬼頭也。省鬼之下半。

屮　音徹。丑列切。艸初生也。省艸之半。見其小也。古即以爲艸字。

朩　音髕。匹刃切。分枲之莖上皮也。林爲麻之總名。朩省其半。是分析之意也。

右由象形字省之仍是象形者

音方。府良切。受物之器也。器之口不在旁。此避去魚切之凵。口犯切之凵。因作此形也。𠙴則避凵之形也。

右避宅字而變其形者

以上三類雖非正側仍是純形不兼宅字以成之也通爲一類凡十文

其九切。擣粟之器。外象臼。㪅其口者。象其質之厚也。中象米形。然非直从米字也。

右物多此形因兼其用以象之者此字獨爲一類

末一字見楚公鐘銘。本象形字也。籀文整齊之而加雨冂。小篆又省爲三

田，其形遂不能確象，故以雨定之。然雨非雷之本物也。下文亦有以本物定之者。

靁　从雨，畾象靁形。中有點者，靁中心虛也。

岳　古文嶽。从山，上象形。

石　从厂，口象石形。

京　人所爲絕高丘也。从高省，丨象高形。

凷　古塊字。从土，凵象塊形。

舍　从亼，中象屋也，口象築也。

母　从女，象褱子形。一曰象乳。

皃　从儿，白象頭囟未合形。

皃　古貌字。从儿，白象頭形。

包　古胞字。象人褱妊，从勹，巳象子未成形。

𡕒　亡范切。堖蓋也。象皮包覆堖，下有兩臂，而夊在下。

𥃩　居倦切。目

圍也。从眀乚。案乚非字。鐘鼎文作[seal]。夰部昊，頁部顯。谷[seal]亦作啣臄，其虐切。口上阿也。从口，仌象其文理。函[seal]亦作肣，胡男切。舌也。从马，囷象舌形。亦象花蘂形。耴[seal]陟葉切，音輒。耳垂也。从耳，乚象其垂。巤[seal]古鬣字。从囟，餘皆象毛髮形。肩[seal][seal]从肉，戶象肩形。非門戶字也。叉[seal]側狡切，音爪。手足甲也。从又，手也。點象甲形。胃[seal]穀府也。从肉，圂象形。要[seal]从臼，象人要自臼之形。此古腰字。後讀於笑切，乃加肉旁別之。古文作[seal]，楷由古文變之。足[seal]从止，止古趾字。口象脛骨形。

疋 所菹切。足也。上象腓腸，下从止。

𠑹 音瞽。壅蔽也。从儿，冂象左右皆蔽形。

巫 从工，象人兩褎舞形。

刅 同創。从刃，兩一象創形。

弁

覍 皮變切。冕也。覍从皃，𠬞从廾，上半皆象弁形。下亦弁之俗字。

先 古簪字。从儿，匕象簪形。

帶 上象帶有結，兼象佩形。下从重巾，帶之垂者也。

市 古韍字，俗作紱。分勿切。韠也。从巾，象連帶之形。

履 舟象履形，尸者人也，彳夊皆行也。

衰 古蓑字。从衣，[illegible]象蓑形。

爵 禮器也。从鬯，从又，上象雀形。故又用爲雀字。

贏

郎果切。獸名。蠃蠃等字从之。案此字从肉可解。餘皆不可解。

番 亦作蹞。獸足也。从釆。田象其掌。

血 从皿。一象血形。

蜀 葵中蠶也。从虫。目以象其頭。勹象其身蜎蜎之狀。

皀 音香。又皮及切。穀之馨香也。从匕。白象穀在裹中之形。

倉 从食省。口象倉形。

果 从木。田象果形。生成之物多圓。小者●以象之。金鹵是也。大者口以象之。石是也。此中加十者。果熟味足則坼裂也。

朿 七賜切。又作莿。木芒也。从木。象朿形。

才 艸木之初也。从丨上貫一。將生枝葉。一地也。

鹵 郎古切。東方謂之㡿。西方謂之鹵。从西之籀文卥。點象鹵形。虡其呂切。鐘鼓之柎。飾爲猛獸。从虍。異象其下足。案柎者足也。此字以異爲主。而非同異之字。樂从木。虡也。上象鼓鞞形。業大版也。所以懸鐘鼓。从丵。象其捷業如鋸齒。下象版。豊音禮。行禮之器也。从豆。曲象其形。鬯鬱鬯也。从凵。器也。中象米。匕所以扱之。盾食閏切。所以扞身蔽目。故从目。上象盾形。𣎵互瓜切。俗作鏵。兩刃臿也。从木。上象苿形。弦从弓。8象絲弦。軫戾之形。非字也。磬从石。声象懸虡之形。殳擊之也。軎于濊切。亦作鏏。車軸耑也。○以象輨形。輨古滿切。轂耑錔也。巨

巨 古矩字。亦作榘。从工。コ象手持之。

斝 玉爵也。从斗。冂象形。吅与爵同意。

升 从斗。亦象形。

爲 母猴也。其爲禽好爪。故从爪。餘皆象形。

右爲其形不能顯白，因加同類字以定之，是謂以會意定象形，凡五十七文。

弋 橜也。丿象橜形。橜必著於物。乀則所著之物之形。𠂆則橜上所挂之物也。弋射本作隿。論語、周禮作弋。皆省借。

巢 从木。巢在木上也。巛象鳥形。臼象巢形。

眉 丿象眉形。仌象額理。在目之上。頟之下。是眉也。

蟲 莫浮切。蟲食苗根者。故从蟲。丨象苗根。ㄋ象蟲形。經典作蝥。借用也。鼅鼄作網蜘蛛也。鼄莫交切。尤矦二部。蕭肴豪三部古通。

殸 殸 籒文磬字。𠙴象磬形。𡳾象縣虡之形。殳擊之也。

右以會意定象形而別加一形者凡五文

齒 齒 𠚕象齒形。从口犯切之凵者。口張齒乃見也。一爲上下齒中閒之虛縫。从止聲。古文𠚕則从凵象齒形。

舜 舜 蕣也。蔓地連花。𠥓象形。从舛。舛亦聲。

金 金 點象金形。从土。土生金也。今聲。

𣓁 𣓁 舉朱切。茱臿也。从木。人象𣓁形。眀聲。

龍 龍 㠯象其形。从肉。童省聲。

禽 禽 走獸總名。从禸。凶象頭形。非吉凶字也。今聲。

右兼聲意之象形凡六文

衣上似人字下似兩人字鐘鼎文皆然說文所收古文从亦者直从兩人字葢傳寫之譌

右似會意之象形一文

身从人从肙省聲而全身之形皆具

能熊屬从肉即以象其胸从比即以象其足从㠯聲即以象其頭

右全無形而以意聲為形者也凡二文

象形字正例一變例九凡二百六十四文

文字蒙求卷二

指事

有形者物也無形者事也物有形故可象事無形則聖人創意以指之而已夫既創意不幾近於會意乎然會意者會合數字以成一字之意也指事或兩體或三體皆不成字即其中有成字者而仍有不成字者介乎其閒以爲之主斯爲指事也說文曰視而可識則近於象形察而見意則近於會意然即此二語深究之即知其所以別矣南唐徐楚金宋初徐鼎臣爲傳述說文之祖皆不知指事近世段茂堂知之而又不盡言是不可不區別也

一弌二二弍三三弎 一象太極。二象兩儀。三象三才。故數成於三。而一二三同體。至四則變數。卽事也。其字不合他字而成。是指事也。

五𠄡 × 以×爲正。河圖五數居中。洪範五爲皇極。故其字象交午之狀。四通八達之意也。小篆作𠄡。其意便不見。

八八 別也。字象分別相背之狀。

九九 陽之變也。象其屈曲究盡之形。

上丄二上下丅二丅 小物在大物之上。故爲上。小物在大物之下。故爲下。其小物高而狹者。則以丨象之。卑而廣者。則以一象之。故丄二丅二皆合。不可如段茂堂以二二易丄丅也。小篆合兩爲一。又曲筆以作亥。隸書沿之。周禮疏。人在一上爲上。人在一下爲下。以ㄣㄟ爲人。誣也。帝旁示辛辰皆从二。藏之古文𢧵从上。丙从二。拜从丅。芇从丅。

丨 下上通也。引而上行讀若囟。引而下行讀若退。唐韻古本切。与此二音皆不合。

中 中 以口象四方。以丨界其中央。若以爲口舌之口。或羽飛切之口。古本切之丨。則不可通矣。

丶 知庾切。有所絶止。丶而識之也。

㐁 㐁 他念切。舌皃也。一象脣。口象舌。𠆢象舌上之理。舌出脣外。是弄舌也。故爲指事。孟子。以言餂之。說文無餂字。玉篇在後增俗字中。以爲古甜字。廣韻不收。集韻韻會始收之。注曰鉤取也。恐餂卽㐁之俗字。

丩 ㄐ 居虯切。相糾纏也。

側絞切。俗作抓。丮也。經典借爲叉。

音戟。持也。象手有所丮據也。埶孰巩丮執皆从之。

行与步同意。步字既會意矣。行字不得不指事。上兩筆。股也。次兩筆。脛也。下兩筆。足也。三者皆動。是行象也。知幷从彳亍以會意者。行。常事也。彳亍。偶事也。故知彳亍分行字以會意也。

陟侈切。音黹。從後至也。象人兩脛後有致之者。

楚危切。行遲曳夊夊。象人兩脛有所躧也。

仔肴也。

推寻也。象相寻之形。

都豆切。說文此部承丮部之後。不曰从丮屏。而曰兩士相對。兵杖在後。象鬥之形。知爲指事之純體。鬬鬩之類从之。

丏　彌兗切。不見也。象壅蔽之形。眄麪丐沔从之。

疒　女尼切。倚也。人有疾病，象倚著之形。又音牀，壯將之類从爿聲者，即从此字也。

乃　曳詞之難也。委曲以象其難。

卜　象灸龜之形。一曰象龜兆之縱橫也。

爻　交也。象易六爻頭交也。

文　錯畫也。象交文。

乚　於謹切。匿也。象迟曲隱蔽形。

厶　息夷切。姦衺也。韓非曰：倉頡作字，自營爲厶。案：營者環也，謂其字曲如環。經典借私爲厶。

凶　惡也。象地穿交陷其中也。

入　内也。象從上俱下也。

出　進也。象草木益滋，上出達也。

乙

象春艸木冤屈而出，陰气尚彊，其出乙乙也。

丵 士角切，音浞，叢生艸也，象丵嶽相竝出也。

乇 陟格切，艸葉也。一，地也，上垂穗，下有根。

𠂹 艸木花葉𠂹，此下垂字也，垂古邊陲字也。

卣 音調，象艸木實垂卣卣然。

齊 象禾麥吐穗上平也。

耑 多官切，物初生之題也。上象生形，下象其根也。

弱 橈也，上象橈曲，彡象毛氂橈弱也。弱物并，故从二彡。

丽 古麗字，禮麗皮納聘，兩鹿皮也。字象兩相麗之狀，故爲指事。

飛 此直刺上飛之狀，頭上之翁開張兩羽奮揚。

西 古栖字，象鳥在

巢上形.

冓 古候切.交積材也.象對交之形.

亼 音集.三合也.

囗 羽非切.回也.象回帀之形.

冂 古坰字.亦作冋.古熒切.遠界也.案國必四界.衹畫三面者.与口相遊也.故冋字从口以象國形.外又作界也.

囧 俱永切.窗牖麗廔闓明.

彔 盧谷切.刻木彔彔也.

毌 古丸切.穿物持之也.象寶貨.一象穿之也.

幵 古賢切.平也.

宁 辨積物也.案此古貯字也.象物積貯一室.則所餘之地.不能作正方正圓形.故此字皆陬隅之形.

𠄌 居月切.鉤識也.从反亅.案鉤識直似今之句股.則从反亅者.直

以字形而言，其義則不相涉也。有所識而鉤之，乃是純體
指事。東方朔傳：止輒乙其處。乚乚之形相似，得毋漢書本
作乚
乎。

丿丿 房密、匹蔑、於小三切。右戾也。象左引之形。

乀乀 音弗。左戾也。

厂厂 古抴字。象抴引之形。

乁乁 音移。流也。篆流者，器之背也。而說文不曰象形而曰从反厂，恐是古拸字，亦抴引之形也。

永永 長也。象水巠理之長。

𠔀𠔀 古終字。

叕叕 陟劣切。綴連也。此互相牽連之狀。

午午 啎也。五月陰啎逆陽，冒地而出。

右純體指事字凡六十二文○許君說解每曰象形，避
不成詞也。但詳其字義是事非物，即知其非象形矣。

霝　郎丁切，雨零也。从雨，吅象零形。

旁　旁溥也，即旁薄也。从二，古上字。从方，八以象其旁薄之狀也。八指事，而獨體不足以見意，故加上方二字以定之，見其自上而下，以及四方，無不到也。故爲以會意定指事，下放此。

畫　界也。田有界，聿以畫之。口象所畫之界，聿者筆也。

畺　古彊字，从畕。三，其界限也。

孕　褱子也。从子，八包乎子之外，褱之之意也。八非乃非，短羽之几。

𠈃　古保字，又作倸。从子，八象抱子之形。

曰　从口，乚象口气出也。

叉　初牙切，手指相錯也。从又，象叉之形。

只　語已詞也。从口，象气下引之形。

欠

欠 張口气悟也。象气從人上出之形。案上半似气字而反之。人之欠，气不循其常也。气在人上者，人之欠大抵昂頭也。

乎 語之餘也。从兮，丿象聲上越揚之形。

兮 从丂，八象气越于也。案兮字八在上，試言兮，則聲上出也。只字八在下，試言只，則聲下引也。

曶 呼骨切。出气詞也。从曰，上象气出形。經典借用忽。

甘 从口含一。不定爲何物，故以一指之。

尹 治也。从又、丿，握事者也。許君以握釋又，以事釋丿。而丿、厂二字皆無事意。然則是象手有所料理之狀耳。古文作□，則兩手相交，有所事之狀也。

夬 分決也。从又，𠁧象決形。

示 表示之意也。从二，古上字

三垂日月星也。亯亯獻也。獻是事。上从高省，下象進孰物形。是指事也。亨享烹三字皆卽此字。

豐豐豆之豐滿者也。从豆，上象滿形。畐畐房六芳逼二切。滿也。从高省，象高厚之形。說文無偪字，此卽是也。逼又偪之俗體。

干干犯也。从倒入从一。一非字，祇是有是物焉而不順理，以入之故。

羊羊音飪。撖也。撖，刺也。从倒入从二。二亦从倒入。非字，二覗一爲厚，故羊甚於干也。

屰屰魚戟切。从干凵，則逆之之狀也。干者不順理，受者不甘，故屰之凵亦非字，祇是互相牾逆之狀耳。此順逆之正字。逆之本義則迎也。

夾夾失冉切。盜竊褱物也。从亦有所持，亦古掖字。

幽

𢇍 古絶字，象不連體絶二絲。

襾襾 呼訝切，覆也，从冂上下覆之。

㡀㡀 毗祭切，敗衣也，从巾，象衣敗之形。

牟牟 牛鳴也，厶象气自口出。

芈芈 亡婢切，羊鳴也，与牟同意。

豖豖 丑六切，豕絆足行豖豖，从豕繫二足。

𩡧𩡧 弦環二音，馬一歲也，从馬，一絆其足。

馵馵 音注，馬後左足白也，从馬，二記其後足。

馽馽 古縶字，絆馬也，从馬，〇其足。

秀秀 从禾，乃象穗之下垂也。

朶朶 丁果切，樹木垂朶朶也，与秀同意。

𣎵𣎵 卽里切，止也，从朩盛而以一止之也。

四四四 數成於三，至四則變，變則

分別矣故从八八別也八而有包之者包之則併併八爲四口口皆非字故爲指事也

七 陽之正也从一微陰從中衺出也

未 味也六月滋味也五行木老於未象木之重枝葉也

兆 灼龜坼也从卜兆象形古文兆与小篆同乚蓋灼龜之狀是全體指事字

右以會意定指事者凡四十文〇不入會意兼指事者彼以意爲主而以事成之此以事爲主而以意成之

喦 与从山之喦不同讀若聶多言也品从三口卽有多言之意從而連之則紛紜糾結矣謀夫孔

多發言盈庭也。

右即意即事者也一文

牽 从牛，从叀之古文玄，意兼聲。冂象引牛之縻也。

𣎳 普活切。屮木盛𣎳𣎳然，象形，八聲。

右兼意兼聲兼形者也凡二文

禾 音義同稽，又音礙。木曲頭止不能上也。字从木而曲其頭。

夨 音仄。傾頭也。从大而頭偏於左。

夭 屈也。从大而頭偏於右。夨謂之傾，謂其頭忽左忽右也。夭謂之屈，謂其頭忽低忽昂也。字形相避。故左右作之，勿泥。

交 交脛也。从大而交其足。

尣

尢 隸作尣。烏光切。跛也。从大而曲一足。

右卽所从之意而少增之以指事者凡五文〇不入增文會意者。此意盡於形。彼意餘於形也。惟㚔字与此近。然亦本會意字。从而增之。故亦爲會意。

凵 口犯切。張口也。从人之張口。下脣獨侈。省其上脣以見意。

右省象形字以指事者一文〇不入省文會意者。此一望而知。彼須委曲說之也。

刃 刃 刀以刃爲用。刃不能離刀以爲體。刀字有柄有脊有刃矣。故刃字以點指其所謂刃在是而已。

丶既不象刃形故為指事也下放此

本末朱 本者木之根也末者木之杪也朱者木之心也皆有形而形不可象故以一記其處謂在上在下在中而已

面 从𦣻百同首首為全形面為前半之形何以於百之外更有所加非加也囗以區之謂分其前半以為面也

尺 从尸从乙乙所識也自肘至腎為尺脈尺寸二脈相去甚近故寸字向左尺字向右一与乙皆所以識法自同也

寸 从又手也腎下一寸為寸口故以一指之

亦 古掖字掖在臂下故以大為人形而點記其兩臂之下

卒 隷人給事者衣為卒卒衣有題識者案丿亦不

成爲題識但以丶記之而已。

右形不可象變而爲指事者凡九文

釆 音義同辨。象獸指爪分別。

大 大小是其本義。而難爲象也。天大地大人亦大。故借人形以指之。亣字臂与脛相屬。大則兩臂恢張。故爲大也。

久 從後灸之。象人兩脛後有距也。案灸者拄也。非鍼灸之謂。

勹 今作包。布交切。象人曲形。有所包裹。

亣 籒文大形。雖小變。意仍不異。而从之者如奕奘奚奕。隸皆从大。

亞 醜也。象人局背之形。案醜是事。而無以表之。則借局背之形以表之。賈逵以爲次弟也。則經典皆此義。而其意不能於字形中得之。

不

至至 不者否也。至者到也。皆借鳥形以指之。不之一象天，謂鳥上翔不下也。至之一象地，謂鳥下至於地也。而不至二字，實不謂鳥，故知其爲借也。

右借象形爲指事者凡八文

高高 高不可指也。借臺觀崇高之形以指之。京享皆从合。此高形也。冂古坰字，界也。高者必大，有坰界也。口与倉舍同意，皆象築也。

右亦借象形爲指事而兼意者一文

指事字正例一　變例八　凡一百二十九文

文字蒙求卷三

以下二卷列字不能類聚皆依說文本次

會意

合數字以成一字其意相附屬而於形事聲皆無所兼者爲正例餘皆變例

天 至高無上从一大○此兩字順遞爲意者也不可云从大一亦不可云从一从大也下放此

祭 又手也示古祇字手持肉以享神祇也

社 土示者土神也天曰神地曰示古文从木社各樹其土所宜之木也

祟 雖遂切示而出也是爲祟矣

皇 大君也从自王自者始也王者以三皇爲始

熏 中黑熏之象也

苗

艸生於田者。**公公**厶。公私之私之本字。八。背也。背厶爲公。**半半**从八牛。八。分也。牛物大故可分半。**吉吉**善也。从士口。**周周**密也。从用口。**各各**異詞也。从口夂。夂者行也。彼有行而此以口止之不相聽也。**吠吠**从犬口。**走走**說文前目錄如此。是也。此所以走部承哭部也。石鼓文趨奔皆从犬。犬止者犬足也。犬能疾走。**前前**不行而進謂之前。从止在舟上。前則由歬變之。歬俗作剪。兩刀重複。**是是**直也。从日正。**尟尟**此鮮少之鮮之本字。从是少。**後後**彳。小步也。幺。小也。夂。行遲曳夂夂也。从彳幺夂。是居後也。衙衙亦作衙。行且賣也。从行言。扁扁署也。从戶冊。者署門戶之文也。俗作匾非。士士推一合十爲士。古古十口所傳。是前言也。支支十尺也。从又持十。啻啻於力切。快也。言必有中。故快。信信从人言。䚻䚻古謠字。徒歌也。从言肉者。無絲竹也。世說絲不如竹。竹不如肉。音音从言含一。章章樂竟爲一章。从音十。十。數之竟也。䇂䇂同愆。从干二。言犯上也。妾妾从女䇂。女之有罪者曰妾。弄弄玩也。从廾持玉。廾古拱字。戒戒从廾持戈。兵兵从廾持斤。**共** 同也。从廿廾。古文𢘅則會意兼指事。四手相交也。 古鞭字。从亼攴。亼猶集也。攴擊也。

孚 卵孚也。从爪子。謂以爪反覆其卵也。 音踝。擊踝也。从丮戈。

㕞 所劣切。拭也。从又持巾在尸下。与刷通用。 音沬。入水有所取也。从又在回下。回，淵也。㱙殁頦沒从之。

取 从又耳。周禮獲者取左耳。

彗 祥歲切。埽竹也。从又持甡。甡古手字。彗縛多竹爲之也。

史 記事者也。从又持中。中，正也。

聿 尼輒切。手之疌巧也。从又持巾。

敗 从攴貝。

畋 待年切。平田也。从攴田。

牧 从攴牛

卟 音稽卜以問疑也从口卜

占 从卜口

用 从卜中卜中卜之而中乃可用也

夐 朽正切營求也从𡕥人在穴上

𡘋 況晚切大視也从大𡕥

窅 烏皎切深目也从穴中目

⿰目窅 於悅切音卹目深皃从目窅

看 从手下目亦作翰

⿰目叉 烏括切搯目也从叉目

鼻 引气自畀也

隻 又持一隹爲隻

雀 从小隹

𦊓 都教切覆鳥令不得飛走也从网隹

奞 音睢又音迅鳥張毛羽自奮奞也从

大隹。奮奞即奮迅。

奪　从又奞。手持隹。失之也。此爲脫失之正字。脫消肉臞也。敓乃攘奪之正字。

奮　翬也。从奞在田上。

蒦　乙虢切。古矱字。从又持雈。雈善度人禍福也。

乖　古懷切。戾也。从𠀎而𠔁。𠔁古別字。

美　从羊大

羌　西戎牧羊人也。

羼　初限切。羊相廁也。从三羊在尸下。尸屋也。

矍　九縛切。隹欲逸走。以又持之。矍矍也。

雙　又持二隹

集　羣隹在木上

鳴　从鳥口

糞　以廾推華弃釆也。釆即𦳊字。

惠　从心叀。爲惠者心專也。

敖

敖出游也。从出放。敫敫音龠。光景流也。从放白。骨骨肉之覈也。从冎有肉。

肰肰音然。犬肉也。初初始也。从刀衣。裁衣之始也。刪刪从刀

冊。冊，書也。魝魝古屑切。治魚也。罰罰持刀詈罵則應罰。刵刵仍吏

切。斷耳也。劓劓魚器切。刖鼻也。亦作劓。耒耒盧對切。从木推丰。觲

觲息營切。用角低昂便也。从羊牛角。楷作觲。解解从刀牛角。典典冊在丌上。

尊閣之也。甛甛美也。舌知甘者。猒猒古饜字。从甘肰。甚甚从甘匹。匹

耦也。

梪梪 徒候切。木豆謂之梪。

虐虐 虎足反爪人也。

彪彪 甫州切。虎文也。从虎彡。

贙贙 胡畎切。分別也。从虎對爭貝。唐李勣碑作贙。

昷昷 烏渾切。仁也。以皿食囚也。

青青 東方色也。木生火。从生丹。

飤飤 古飼字。从人食。

飧飧 夕食也。

湌湌 同餐。水沃飯也。故从水食。

合合 亼口也。

㕣㕣 鉏箴切。入山之深也。

糴糴 徒歷切。市穀也。从入糴。

𦎧𦎧 常倫切。孰也。从亯羊。犉啍諄敦鶉焞惇醇皆从之。而變爲享。享即亯之變文。是弟存一半也。

啚啚 此鄙吝之鄙之

正字从口亩。鄙，邊鄙也。

嗇　所力切。愛濇也。从來亩。來者亩而藏之。

夌　越也。从夂兂。兂，高也。此陵躐之正字。經用陵，今用淩。陵遲本作夌遟。

罤　此昆弟之昆之正字。从弟罒。罒，及也。從兄之義。爾雅作晜，蓋譌。

乘　覆也。从入桀。桀，黠也。

采　捋取也。从爪木。

休　息止也。从人依木。

桑　叒木。卽若木。

韡　筠輒切。艸木白華也。

剌　郎達切。戾也。从束刀。

因　就也。从口大。能大者衆圍就之。

𧴪　穌果切。貝聲也。从小貝。

負　恃也。从人守貝。

贅　之芮切。以物質錢也。

敖貝猶放貝，當復取之。

買 从网貝。

郵 从邑垂，垂邊也。

昏 从日从氐省。氐，古低字。曰低則昏。亦作昬，形聲字也。

𣅀 烏皎切，望遠合也。从日匕。匕，合也。

㬎 五合切，衆微杪也。从日中視絲。又古顯字。

暴 古曝字。从日出廾米，暴曬之也。

朏 普乃芳尾二切。月未盛之明。从月出。

外 从夕卜。卜尚平旦也。

貫 錢貝之貫。从毌貝。

采 古穗字。从爪禾。人所收也。

𦥺 其九切，舂糗也。从米臼。

舀 以沼切，抒臼也。从爪臼。

兇 許拱切，擾恐也。从人在凶下。

安　从女在宀下

宂　而隴切。㪚也。从人在宀下。閑散無事也。

宗　从宀示。天神地祇壇而不屋。祖宗則宀中之祇也。

寣　火滑切。臥驚也。从寢省。从言。

兩　廿四銖爲一兩。从一兩平分。

罷　遣有罪也。从网能。言賢能者入网。卽貰遣之。

詈　从网言

帚　从又持巾埽冂內

仰　从人卬

佩　从人凡巾

位　从人立。古者朝會。君亦不坐。

付　从寸持物以与人

伍　从人五

什　从人十

佰　博陌切。从人百。宿从

夙之古文。㐰非此字。

侵　漸進也。从人又持帚、若埽之進。又，手也。

伐　从人持戈。

咎　災也。从人各。人各者相違也。

弔　从人持弓，助孝子毆禽也。

仚　呼堅切。人在山中。

艮　很也。从匕目。目相比，不相下也。

㸒　余箴切。近求也。从爪壬。壬，徼幸也。

臥　从人臣，取其伏也。

⿱臥食　尼厄切。小兒嬾也。从臥食。

製　裁也。从制衣。

老　从人毛匕。

孝　从老省，从子。子承老也。

居　蹲也。从尸古者，尸，人也。上古未制禮之時，每蹲居也。此踞之古字。居處之居古作凥。

眉

屓 許介切。臥息也。尸自者，人鼻也。

𡱂 古臀字。从尸下丌居几。

㞋 人善切。柔皮也。从叉申尸之後。或作㞋。㞋輾从之。輾今作輾。

屋 从尸至，人所至也。

冐 莫紅𠚋沃二切。突前也。从冃重覆也。犯冃而見，是突前也。亦作冐。

𩠐 大丸旨沇二切。截也。从斷首。亦作剸。

須 面毛也。从頁彡。

縣 古懸字。从系持県。

髟 必凋所銜二切。長髮皃。从長彡。

令 从亼卪。

卿 去京切。事之制也。从卪夕。卿字从之。

匊 在手曰匊。从勹米。

匀 少也。从勹二。

旬

十日也。从勹日。

勽 薄皓切，覆也。从勹覆人。

鬽 古魅字，从鬼彡。彡，鬼毛。

嵒 五咸切，山巖也，从山品。品象巖穴。

仄 从人在厂下。

厃 魚毁切，仰也。从人在厂上。

危 在高而懼也，从厃。自卪止之。

碞 与嵒同。

佱 古法字。从亼正。

麀 鹿之牝者。从牝省。

𪋻 鹿羣行土飛揚也。

毚 士咸切，狡兔也。从㲋兔。

逸 失也。从兔辵。

冤 从兔在冂下。益屈折也。

娩 芳萬切，兔子也。

尨 莫江切，犬之多毛者，从犬彡。

狊 古闃切。犬視皃。狧 他合切。犬食也。戾 曲也。从犬出戶下。𤓯 音焦。灼龜不兆也。票 同熛。火飛也。从火，囟与䙴同意。䙴，升高也。灰 从又持火。尉 从𡰥又持火，所以㷉申繒也。𡰥，古夷字。平也。俗別作熨。烕 火死于戌。灾 火焚屋也。燮 蘇俠切。大熟也。从又持炎辛。辛者，物熟味也。或曰此字乃燮之譌，則是會意加聲字。赤 从大火。浾 同赬。棠棗之汁也。从赤水。黑 从炎上出囪。囪本古窗字。此則音聽。烟囪竈突也。熒 屋下鐙燭之光。

从焱冂。

燊燊　所臻切，盛皃。从焱在木上。

吳吳　大言也。从夨口。

幸幸　从屰夭者，不夭也，死謂之不幸。

暴暴　此訓疾速之暴之正字。从日出夲廾之。

皋皋　气皋白之進也。

夰夰　古老切，放也。从大而八分也。

昦昦　古老切，大白澤也。古文以爲澤字。

患患　古文作𢝊，从臼臼心者，諺所謂捧心捧膽也，小篆省爲患。

衍衍　水朝宗于海皃也。从水行。

汓汓　古泅字。

砅砅　亦作濿。此深則厲之厲之正字。履石渡水也。

㲻㲻　此陷溺之溺之正字。从人在水中。溺則弱水之弱之正字。

沙沙

水少則沙見亦作沚。

頮 荒內切。洒面也。从廾水向頁。說文作湏，似有損壞。

流 从水㐬，言水流有所衝突也。古文从林。

涉 从步水。古文从林。

甽 古畎字。田閒之川也。

邕 於容切。四方有水自邕成池者。从川从邑。

冰 古凝字。从水仌。

𦤎 丑利切。忿戾也。至而復孫。孫，遁也。孫讀爲遜。

聅 耻列切。軍法以矢貫耳也。

拜 从兩手併下。

婦 从女持帚。

嫋 奴鳥切。姌也。从女弱。

亾 逃也。从入乚。乚，古隱字。

匄 古代切。乞也。亾人爲匄。

[illegible]

子廉切。絶也。从二人持戈。鐵从之。

武 从止戈

弜 同彈。从弓持丸。

𦃃 籀文系。从爪絲。

孫 孫繼其子也。系繼也。

素 白緻繒也。从糸𠂹。取其澤也。

螙 同蠹。从䖵在木中。

蠱 公戶切。从皿蟲。

埽 以帚坴土也。

畜 此字當作𤰞。从玄。玄古叀字。淮南子曰：玄田爲畜。謂玄而繫之田中也。

男 从力田

劣 从力少

叶 同協。衆之同和也。从十口。与十口爲古同意。此橫說。彼豎說。

与 賜予也。从一勺。勺。酌也。酌其當与㠯否也。此取與之正字。與。黨與也。

凭 皮冰切。依几也。經典借用馮。俗作憑。

凥 从尸得几而止

斷 以斤𢇍之也。𢇍古絕字。

料 音遼。量也。从斗。米在其中。

⿴行車 古絢切。車搖也。

軍 營壘之謂也。勹其兵車於中。

軵 而隴切。反推車。令有所付也。付卽附。

陟 登也。从步𨸏。

巹 居隱切。謹身有所承也。从己丞。合巹古作合⿱丞豆。

綴 与叕同意。以糸聯叕之也。

馗 同逵。九達道也。从九首。

辤 不受也。受之則辛。是宜辤也。

辭 訟也。𤔔辛猶理辜也。

㝃 亾辨切。生子免身也。

孱孱 士連切。迮也。一曰呻吟也。从孨在尸下。

茜茜 此縮酒之縮之正字。

右順遞爲義者凡二百五十七文。○其中兼聲者。社祟皇辛取畋鼻奮聑劓聒桓青貫臮兇兩仰位伍什佰仚皋製黜勼危眀冰弦綴挽孱。凡三十四字。以義爲重。故說文不言聲也。

祝祝 从示从人口。此竝峙爲義者也。示。神也。人口則祝之事也。下竝放此。不復言从某某。惟字義隱曲者乃著之。

𤨏𤨏 音服。盛玉皮箙也。使者奉玉。盛之以𤨏。置之車上。

蓏蓏 郎果切。瓜也。从艸从㼌。

蒐蒐 所鳩切。茅蒐。茹藘。人血所生。可以染絳。从艸从鬼。

芟

刈艸也。

若　擇菜也。菜，艸屬。右，手也。所以擇之。

龠　三孔竹管也。从品侖。侖，理也。

囂　許嬌切。聲也。气出頭上。从㗊从頁。頁，首也。

分　八，別也。刀以分之。

宷　古審字。从宀，屋也，覆物者也。釆，古辨字。包覆之物而能辨之，是詳審也。

悉　詳盡也。

告　牛觸人，角著橫木，所以告人也。

名　自命也。夕不相見，故以口自名。

命　使也。从口从令。

咠　聶語也。从口从耳。

启　開也。从戶从口。

咸　悉也。从口从戌。戌，悉也。

唬　呼訝切。嗁聲也。

登

普活切。以足蹋夷艸也。从癶从殳。

此 止也。从止从匕。匕，相比次也。

正 是也。从一从止。

辵 丑略切。乍行乍止也。从彳从止。

連 与輦同。人推車也。故從辵車。

道 路也。从辵从首。

送 遣也。从辵从倂省。倂今作媵。

退 从彳从日从夊。

㢟 丑連切。安步㢟㢟也。从廴从止。

齔 初堇切。毁齒也。男八月生齒，八歲而齔；女七月生齒，七歲而齔。似小徐作七聲爲是，大徐或誤。

器 器之類多，故从四口。犬所以守之。

肸 肸蠁，布也。从十从㐱。㐱，振㐱也。

計 算也。十者數之具也。

設

設　施陳也。从言从殳。殳使人也。

諰　胥里切。思之意也。廣韻曰：言且思之。

諕　乎刀切。號也。

討　治也。寸，法度也。

善　羊，祥也。故善美義美並从羊。

競　从誩从二人。

竟　樂曲盡爲竟。从音从人。

對　應無方也。从丵从口。無方之意。寸，法度也。漢文帝去口从士。實則鐘鼎文固然。

丞　翊也。从廾从卩从山。山高，奉承之意。

奐　呼貫切。取奐也。一曰大也。从廾从夐省。夐，營求也。

弇　古南一險二切。蓋也。

具　供置也。从廾从貝省。古以貝爲貨。

異

异 分也。从廾从畀，畀予也。

與 从舁从与。

興 从舁从同。

[illegible] 渠容切。所以枝鬲者。从爨省，鬲省。

羹 从羔从美。

埶 蓺萟藝竝同。種也。从坴土也，从丮，持也，持而種之。

鬩 許激切。恒訟也。从鬥从兒。

[illegible] 胡畎切。試力士錘也。从鬥从戈。

及 从又从人。

[illegible] 房六切。治也。从又从卪。卪，事之節也。報服之。

筆 从聿从竹。聿者筆也。

聿 音津。聿飾也。建畫津从之。隸皆从聿。

緊 糾忍切。纏絲急也。从臤从糸。

堅 剛也。从臤从土。

毄 古歷切。相擊中

也。如車相擊。故从殳从叀。毄 居又切。揉屈也。皀 古叀字。廄从之。役 戍邊也。从殳从彳。㐱 新生羽而飛也。从短羽之几。从彡。同鬒。从人从彡。竝之忍切。从之之字。皆不可辨。𤿎 當作蕟。音耎。柔革也。从北从皮省从夐省。攸 行水也。从攴从人从水省。秦刻石文作汥。寇 从攴从完。敎 从攴从孝。貞 卜問也。从卜貝。以爲贄。棥 附袁切。藩也。省 視也。从眉省。从屮。屮通識也。古文从少从囧。囧明也。𥄎 音䰠。火劣切。舉目使人也。从攴从目。[illegible] 舉朱切。衺視也。从朙从大犬。人也。䠶字从之。

皆 俱詞也。白同自。

智 从白从亏从知。今作智。

翟 山雉尾長者。从羽从隹。

翏 力救切。高飛也。从羽从新生羽之㐱。

翕 土盍切。飛盛皃。从羽从曰。

𥄕 音末。目不正也。从丫从目。瞢蔑从之。

瞢 木空切。目不明也。从𥄕从旬。

霍 呼郭切。飛聲也。雨而雙飛者其聲霍然。

畢 網也。从田。獵也。从𠦒。箕屬。象畢形微也。

棄 从廾推𠦒弃之也。从𠫓。去逆子也。

幼 幺小也。

幾 微也。殆也。从𢆶。𢆶微也。从戍。守也。微而兵守者危也。

殳

𠬪 音摽。物落上下相付也。从爪从又。

爰 引也。从𠬪从于。

𤔔 音亂。治也。幺子相亂。𠬪治之也。冂界也。

寽 力輟切。撮也。从𠬪从已。已物也。

爭 从𠬪从厂。厂曳也。𠬪二手也。二手曳之。爭之象也。

𢀩 音隱。所依據也。从𠬪从工。

𣦼 同殘。穿也。

㕡 同壑。从𣦼从谷。

⿱𣦼貝 音概。堅意也。从𣦼从貝。

叡 与睿壡同。从𣦼从目。从谷省。

⿰𣦼冎 音殘。禽獸所食餘也。

死 从歺从人。

别 从冎从刀。

肘 臂節也。寸。手寸口也。

肎 俗作肎肯。骨閒肉肎肎相著也。

从肉从冄省。

會（古文）从亼从曾省。

𠬢 方斂切，傾覆也。从寸手也，从巢省。杜林以爲貶損之貶。

則（古文）等畫物也。貝，古之物貨也。

釗 刓也。

制（古文）裁也。从刀从未，未物成，有滋味，可裁斷。

栔 苦計切，刻也。从㓞从木。

等 齊簡也。从寺，官寺之等平也。

筮（古文）巽古巫字。

簋 居洧切，黍稷方器。从竹从皀从皿。

匭 古文簋。从匚从飢。

筭 計數之器，常弄乃不誤也。

算 數也。从竹从具。

巺（顨）巽也。从丌从頭。顨，卦名也，巽卦德也。今以同聲借用，概作巽。

奠

酓。酒也。丌以薦之。

差 忒也。从左从𠂹。

𡫳 此杜塞之塞之本字。从𡭐。从廾。窒宀中。𡭐猶齊也。

覡 胡狄切。男巫也。

沓 語多沓沓也。

甹 普丁切。亟詞也。

奇 从大从可。

亐 於也。从亐从一。

粤 从亐从寀。

平 从亐从八。

喜 从壴从口。

壴 中句切。陳樂立而上見也。从中从豆。

尌 音住。立也。寸持之也。

豑 此堯典平秩之秩之正字。爵之次第也。

𧇾 語巾切。兩虎爭聲。

醯 呼鷄切。酸也。作醯以鬻以酒。从鬻酒竝省。皿。器也。

盈 滿器也。从皿夃。

盍 覆也。从大从血。

徵 召也。从壬。善也。从微省。行于微而聞達者。即徵之也。

彤 丹飾也。从丹。彡其畫也。

荆 此刑法之荆之正字。从井从刀。刑。殺也。从刀开聲。

鬱 芳艸也。此鬱鬯之專字。从臼冂缶鬯。彡其飾也。

僉 从亼从吅从从。

侖 思也。从亼从冊。

今 从亼从乁。乁古及字。

全 从入从工。小篆从玉作全。

射 古射字。案此字當依鐘鼎文作[篆]指事純體字。石鼓文改爲[篆]已不明顯。小篆再變之遂失古意。

侯 从人。厂象張布。矢在其下。古文省人。

知知从口从矢就就就高也京絕高邱也尤異也。䈞䈞古庸字从亯从自。厚厚山陵之厚也。从㫗从厂。稟稟筆錦切。賜穀也。麥麥从來。來卽麥也有穗者从夊。夊穗聲近。致致送詣也。从夊从至。竷竷苦感切。舞也从章从夅从夊。夏夏中國之人也。从頁首也。臼兩臂也。夊兩足也。畟畟初力切。治稼畟畟進也。从田人。从夊。夃夃音沽。市買多得爲夃。从乃乃古及字。从夊。夊至也。既得便宜。卽屢往也。析析破木也。从木从斤。臬臬五結切射準的也木其質也自鼻也發矢以鼻爲準。

枚 榦也。可爲杖。从木从攴。

無 上文甫切。豐也。从林从大。从𣞤。數之積也。說文引庶艸蕃無。下武扶切。亾也。从亾𣞤聲。金刻率用𣞤爲有無字。而洪範作廡。蓋衛包改之。

師 眾也。从帀从𠂤。𠂤四帀。眾意也。

賣 从出从買。

索 繩索也。从朩从糸。朩。普活切。

華 从艸从𠌶。案与𠌶同。

圖 計畫難也。从口从啚。啚難意也。

⿴囗又 音聶。私取物。縮藏之。从口从又。

贊 从貝从兟。

邑 國也。从口从卪。

晉 進也。从日从臸。臸到也。

曅 筠輒切。光也。

昌 美言

也。从日从日。

普　日無色也。从日从竝。

昆　同也。从日从比。

旋　从㫃从疋。疋，足也。足隨旌旗以周旋也。

旅　軍之五百人爲旅。从㫃从从。从，俱也。

族　古鏃字。矢鋒也。从矢从㫃。

疊　徒叶切。理官決罪，三日得其宜。从晶从宜。王莽改爲疊。

朙　从月从囧。古文作明。

盟　从囧从血。盟者歃血也。古文作盟。

夗　於阮切。轉臥也。从夕从卪。臥有節也。

夙　早敬者也。从丮持事。雖夕不休。早敬者也。

𢎘　古文作由。木生條也。由字从田而上出，是地中生萌芽也。𢎘加丂。丂則其萌芽之狀也。

栗 卣垂皃，栗實下垂也。粟 从米从卣。秦 秦地宜禾，从禾从舂省。

科 程也。香 从黍从甘。毇 許委切，米一斛舂爲八斗，从臼从殳。

臿 楚洽切，舂去麥皮也。从臼，干所以臿之。㪔 此分散之散之正字，从攴从𣏟，分㪔之意也。

麻 从𣏟从广。向 北出牖也。从宀从口。寍 安也。从宀，从心在皿上。人之飲食器所以安人也。

定 从宀从正。實 富實也。从宀从貫。宦 仕也。守 守官也。从宀，治事處。从寸，法度也。寡从宀从頒。頒。分也。分故少。

宋宋居也。从宀从木。

躳躳从呂从身。

罙罙式鍼切。深也。一曰竈突。从穴从火从求省。深探从之。

疢疢丑刃切。熱病也。从疒从火。

冃冃莫保切。重覆也。从冂从一。

同同从冃从口。

㒶㒶苦江切。幬帳之象。从冃。㞢其飾也。殼从之。

冒冒冡而前也。从冃从目。

最最犯而取也。从冃从取。

羅羅鳥罟也。从网从維。

㒼㒼母官切。平也。从廿。五行之數二十分爲一辰。㒳㒼平也。

罼罼罼同罵。从网从畢。

㣊㣊卽隙字。中从白。上下从小。

黹黹陟几切。箴

縷所紩衣。从㡀，从丵省。

伊 伊尹。尹治天下。

𢼸 妙也。从人，从攴，从耑省。此微小之正字。微，隱行也。今幷爲一。

便 人有不便則更之。

俒 胡困切。完也。从人，从完。

偄 奴亂切。弱也。从人，从耎。

伏 伺也。从人，从犬。

眞 僊人也。从匕，从目，从乚、八。八所乘載也。

[illegible] 相次也。从匕，从十。鴇从之。此保甲之保之正字。

頃 頭不正也。从匕，从頁。从匕言首如匕也。

卬 望也。欲有所庶及也。从匕，从卪。此昂之正字。

卓 高也。从早，从匕。

眾 从乑，从目。

殷 作樂之盛稱殷。从㐆，从殳。

表　古者衣裘，以毛爲表。故从衣从毛。

褭　奴鳥切。以組帶馬也。从衣从馬。

𦒱　音樹。老人行才相逮。从老省，易省，行之象也。

俞　空中木爲舟也。从亼从舟从巜。巜，古澮字。

般　般辟也。象舟之旋。从舟从殳。殳，所以旋舟也。

兄　从人从口。

兜　當矦切。兜鍪首鎧也。从兆从兒省。

見　从人从目。

㝵　古得字。从見从寸。寸，度之也。

䨘　虛器切。音欲見雨而止息。从覞从雨。

吹　从口从欠。

次　古涎字。从欠从水。

羨　欲也。从次从羑省。

盜　欲皿而垂次也。

頁 胡結切。頭也。从人从𦣻。鐘鼎文即以爲首字。說文顚頊顆皆从頁。正文失收。金刻多有。

俯 古俯作頫。从頁从逃省。亦作俛。

顥 胡老切。白皃。从頁从景。景。明也。

煩 熱頭痛也。从頁从火。

頪 盧對切。難曉也。不聰之意。

脜 此柔色以溫之柔之正字。

彣 無分切。𩕄也。𩕄即郁郁乎文哉之郁。

后 从厂。抴也。明也。后施令故从厂。从一口。

印 从爪从卩。

色 从人从卩。

辟 法也。从卩从辛从口。節制其罪也。

辥 必益切。治也。从辟从井。

胞 从包从肉。

己力切。自急敕也。从羊省。羊祥也。从勹口。猶慎言也。苟从其省。

从攴苟

从甶从虎省。鬼頭而虎爪。可畏也。

母猴屬。似鬼。从甶从禸。

与久切。相誱呼也。从厶从羑。

音偶。陬隅。高山之卩。从山从卩。唐韻子結切。

二畝半在邑。一家之宅。从广里八土。廬則二畝半在田也。

从广从炗。炗古光字。

以灼切。岸上見也。从厂从㞢省。

强魚切。鬥相丮不解也。从豕从虍。豕虎之鬥不相捨。

式視切。豕也。

豕走也

从豕，从又持肉，以給祭祀。

薦 解廌食薦。

灋 古法字。平如水，从水。廌所以觸不直者去之。从廌去。

禒 同獮。秋田也。爲祭而田，故从示从豕。

臭 从犬从自。自，鼻也。

獄 此依西嶽華山廟碑額作之。从㹜以守之，从言。

尞 力照切。祡祭天也。从火从昚。昚，古慎字。

炅 古迥切。見也。

粦 此燐之正字。从炎从舛。

燅 此尋溫之尋之正字。於湯中瀹肉也。从炎从熱省。

奄 覆也。从大从申。

契 大約也。从大从㓞。

夷 平也。从大从弓。

喬 高而曲也。从夭从高省。

㚔㚔尼輒切。所以驚人也。从大从羊。睪睪羊益切。伺視也。从㚔从目。卽今捕盜之眼線。圉圉獄也。从㚔从口。盩盩張流切。引擊也。从㚔攴見血也。夲夲音滔。進趣也。大十猶言兼十人也。奏奏進也。从夲从廾从屮。屮，上進之意。㚖㚖驚走也。一曰往來也。从夰从䀠。今文尙書䀠命。古文尙書作囧命。奰奰平祕切。壯大也。从三目三大。隸書奰贔。皆卽此字。

規規規橅也。竦竦息拱切。敬也。束自申束也。𥩟𥩟房六切。見鬼魅皃。彔，籒文魅字。悳悳古德字。𢝊𢝊此憂愁之憂之正字。

頻 此顰蹙之顰之古字。从頁从涉。隸變爲瀕、頻兩字。瀕又作濱。

侃 从川，从㐰。㐰古信字。取其不舍晝夜，猶人之剛直也。

衇 亦作衇脈。脈有派別，故从𠂢。血肉一物，故兩从。

覛 莫狄切。衺視也。

㕡 古濬字。深通川也。从谷，从𣦵。𣦵，殘也。阬坎意也。

冬 从夂，从仌。夂古終字。

電 从雨，从申。

䨣 匹各切。雨濡革也。

孔 通也。乙至祠高禖而生子。

乳 人及鳥生子曰乳。獸曰產。从孚从乙。

臺 从至。与室屋同意。从㞢。从高省。

扇 扉也。从戶从羽。鳥翅二，門扇亦二。

肁 此肇

始之肇之正字。肇擊也。

閉 从門才。所以閉門也。

⿵門三 直刃切。登也。从門二。二古下字。

⿰扌𠦪 古拜字。从手从𠦪。𠦪進趣之疾也。

承 从手从卪从廾。

脊 从𠂹从肉。

妻 从女从又。持事也。从屮。上進之義。

好 从女从子。

奴 从女从又。

如 從隨也。

毐 遏在切。人無行也。从士从毋。

弗 撟也。从丿从乀从韋省。

戎 从戈从甲。鐘鼎甲字多作十。故隸作戎。

戛 古黠切。戟也。

義 从我从羊。

直 正見也。从十从目从乚。

止也。从亾从一。

胡禮切。衺徯，有所俠藏也。从乚，乚同隱，上有一覆之。

木工也。从匚，匚音方，器也。从斤，斤所以作器。

土刀切。弓衣也。叏垂飾。

郎計切。弼戾也。从弦省从盩。

从系从帛

从系从刀从卩

說文从軎，傳寫之誤。石鼓从叀，卽說文叀字。控御之意。从絲者，六轡如絲也。

籀文虹。从虫从申，申，電也。兩體皆比象之詞。

从黽，以其大腹也。从虫。

敏疾也。从人从口从又从二。二，天地也。

从之从土从寸。古文作𡉚，籀文

作扗从土丰聲。

圣　苦骨切。致力于地也。

堇　巨巾切。黏土也。从土从黃省。

里　从田从土。

甸　天子五百里內地。从田从勹。

加　从力从口。

銜　鑣也。馬勒口中所以行馬。

処　古處字。止也。从夂得几而止。

隉　五結切。危也。从阜从毀省。

𦥸　去衍切。𦥸商小塊也。从阜从臾。

𡬜　陟呂切。㡊也。所以載盛米。从甾从宁。

六 易之陰數，變于六，正于八，故从入从八。案九數以五居中，自五摺疊觀之，四六相對，故卯卯之形相近。

獸 从嘼从犬。

亂 治也。敽，煩也。今通用亂。

辠 自，鼻也。辠人辛苦蹙鼻也。秦始皇改用罪字。罪，捕魚竹网也。从网，非聲。

癸 籀文癸从癶从矢。

臾 束縛捽抴爲臾曳。从申，从乀，弋支切之乀。

曳 羊世切。从申，从余制切之厂。

酋 繹酒也。从酉，水半見出於上。

尊 酒器也。从酋，廾以奉之。

亥 荄也。从二，古上字。从二人，一人男，一人女也。从乙，象裹子咳咳之形。

右竝峙爲意者凡三百四十五文○此類字不能以所从之兩體三體連貫而直捷言之由其用意多委曲或有字形不足以盡字義者也○其兼聲者芟命癹此認競異與筆堅教叀習栔奠喜尌刑就厚稟致賣華贊朙盥甹科麻冒侻便表義彣胞契喬悳冬電戔尊亂臾曳畲凡四十八字說文亦概不言聲

王王 一貫三爲王三者天地人之道也而參通之者王也此字从三从丨而丨貫乎三之中是由部位見意者也下放此

閏閏 周禮曰閏月王居門中終月

班班 分瑞玉也从玨从刀

莫茻 日且冥也从日在茻中俗作暮

小八 丨之爲形已小又從而八之愈小矣八者

分也。在丨之左右以見意。

介 从人从八。人各有介。

局 促也。从口在尺下，覆局之也。

㕯 同訥。口在內中，訥之意也。

豋 音登。禮器也。从廾持肉在豆上。詩于豆于登。假借字。俗作登。

卑 執事之賤者。从𠂇古左字。左卑，故在甲下。

肅 从聿在𣶒上。戰戰兢兢也。

盥 古玩切。澡手也。从臼水臨皿。

益 水在皿上。增益之意也。

丂 苦浩切。气欲舒出，丂上礙於一也。丂古乃字。古文以丂爲于巧二字。

号 胡到切。痛聲也。从口在丂上。

内 自外而入也。从入从冂。

冘 余箴切。淫淫，行皃。从

入出冂。央中央也，从大在冂之内。隺胡沃切，高至也，从隹上欲出冂。

桀磔也，从舛在木上。杲古老切，明也，从日在木上。杳烏皎切，冥也，从日在木下。東从日在木中，日升扶桑之謂。之出也，从中从一，一地也。

生進也，从中从土。先之在人上，是在先也。㞷音皇，艸木妄生也，从出在土上，古文作㞷，往枉狂尪汪匡皆从之，隷變爲𡈼及王。喿鳥鳴也，从品在木上，俗作噪。

柬分别簡之也，从八在束中，於束中柬擇之也。困去倫切，从禾在口中。

囚 从人在口中。

束 从口木。

困 故廬也。从木在口中。

圂 胡困切。廁也。从豕在口中。

早 从日在甲上。

旦 从日見一上。一，地也。

秉 把也。从又持禾。

兼 从又持二禾。

臽 同陷。小穽也。从人在臼上。案此窠臼之謂也。

寒 从人在宀下，以茻上下薦覆之，下有仌。

穿 从牙在穴中。

突 犬從穴中暫出也。

竄 七亂切。匿也。从鼠在穴中。

庫 兵車藏也。从車在广下。

犮 音撥。走犬皃。从犬而丿之。曳其足則剌犮也。

同叟。

光 光 从火在人上，光明意也。

炙 炙 从肉在火上。

夾 夾 持也，从大俠二人。

立 立 从大在一之上。

囦 囦 从口水。變爲𣶒，再加水爲淵。

原 原 原 水泉本也，从灥出厂下。

巛 巛 即灾字，害也，从一雝川，災甾从之。

屚 屚 盧后切，屋穿水下也。从雨在尸下，尸者屋也。

閒 閒 隙也，从門中見月。

閑 閑 闌也，从門中有木。

閃 閃 失冉切，闚頭門中也。

闖 闖 丑禁切，馬出門皃。

毋 毋 止之也，从女有姦之者，禁止之，令毋姦也。

乂 乂 芟艸也，从丿乀相交。

氏

氐 古柢字。从氏下著一。

戍戍 从人荷戈。

或或 古域字。从口。从戈以守一。

區區 踦區藏匿也。从品在匸中。品，衆也。

恆恆 从心从舟在二之閒。上下一心，以舟旋。恆也。

坐坐 从二人在土上。篆文作㘸，从畱省。

堯堯 从垚在兀上。高遠也。

輦輦 力展切。輓車也。从扶在車前引之。

辯辯 治也。从言在辡之閒。案辡有分別意，故辨从刀。瓣从瓜。辮从糸。[illegible]从目。辬从文。未有不在其閒者也。

字字 乳子也。从子在宀下。

辱 恥也。从寸在辰下。失耕時，於封畺上戮之也。

戊戊 五行土生於戊，盛於戊。从戊含一。

地也陽入地也**壹壹壺壺**易曰天地壹壺今本作絪縕它書或作烟煴此合兩字乃成義者爲會意之奇變壹壺者交密之狀元气渾然吉凶未分故一从吉一从凶不定之詞也而吉凶皆在壺中者壺盛物之器壹壺乃將泄未泄之時故从之也

右卽字之部位見意者凡七十三文〇与順遞爲意一類以其意見於形故別輯之不入兼指事者彼尤明著也〇兼聲者閏原堯犇辡字壹凡七字

祘祘音算明示以算之也**玨玨**古岳切同瑴二玉相合爲一玨**冰**

古別字。分也。

吅吅 音讙。驚嘑也。卄卄 人汁切。二十并也。誩誩 音競。競言也。

𢪇𢪇 同廾。卽拱字。友友 同志爲友。从二又相交。䀠䀠 拘瞿二音。左右視也。

皕皕 音祕。二百也。雔雔 音酬。雙鳥也。𢆶𢆶 音幽。微也。从二幺。

兹兹 音滋。又音玄。黑也。艸部茲。从艸絲省聲。此也。益也。今並用茲。

哥哥 聲也。从二可。虤虤 古閑切。虎怒也。林林 从二木。謂木与木相連屬也。

甡甡 衆生竝立之皃。賏賏 音嬰。頸飾也。𢎘𢎘 胡先切。艸木丂盛也。

多 重也。夕者相繹也。故重夕為多。

棗 从重朿。

棘 从並朿。

秝 音歷。稀疏適歷也。从二禾。離立。

㼌 音庾。本不勝末。微弱也。从二瓜。

从 相聽也。此順從之正字。從音縱。隨從也。今竝用從。

兟 子林切。兟兟。銳意也。

覞 弋笑切。竝視也。

䪾 士戀切。選具也。

絺 息利切。絺屬。古文作稀。

㹜 語斤切。兩犬相齧也。

炎 火光上也。

赫 火赤皃。

㚘 古伴字。並行也。

竝 併也。

州 水中可居曰州。从重川。俗別作

洲。

龖 音沓飛龍也。臸 人質切。到也。聑 丁帖切。安也。

奻 女還切。訟也。戔 賊也。弜 其兩切。彊也。䖵 此昆蟲之昆之正字。蟲之總名也。圭 瑞玉也。从重土。畕 卽疆字。比田也。辡 方免切。罪人相与訟也。

右疊二成字者凡四十五文〇已别見者不再出〇

兼聲者。廿友丽丝兹哥兟[illegible]臸凡九字

絫 二余也。讀与余同。㸚 力几切。二爻也。从 亙奬切。二人也。

𣗥𣗥 二東也。字書音曹。　兟兟 所臻切，進也。　𠂔𠂔 士戀切，二卪也。

屾屾 所臻切，二山也。　豩豩 伯貧呼關二切，二豕也。　𣲋𣲋 之壘切，二水也。

𩺰𩺰 音魚，二魚也。　斦斦 語斤切，二斤也。

右同前，而吾疑其卽是一字，故別輯之，凡十一文。○古人字好茂密，如宐作𡨴是也，𩺰鱻之音又同余魚，故吾疑之，卽觀其云二厶也，亦可見。○厶古某字

卉芔 艸之總名也。　嚞嚞 古哲字。　品品 衆庶也。　𣏟

卅音撒，三十并也。譶徒合切，疾言也。羴同羶，羊臭也。雥祖合切，羣鳥也。森木多皃。晶精光也。皛音皎，顯也。㐺音吟，衆立也。毳此芮切，獸細毛也。磊衆石也。驫甫虯切，衆馬也。麤音粗，行超遠也。[illegible]芳遇切，疾也。猋甫遙切，犬走皃。焱以冄切，火華也。惢音瑣，心疑也。灥詳遵切，三泉也。鱻音鮮，新魚精也。聶尼輒切，附耳私小語也。姦私也。垚音堯土高也。劦音叶同力也。轟呼宏切羣車聲也。孨音翦謹也。

右疊三成字者凡二十七文○兼聲者嘉[illegible]灥三字。卅則三十兩字之合音也。

茻模朗切音网衆艸也。㗊音戢衆口也。㠭知衍切極巧視之也襄展从之。今並變爲展。亖☰籒文四字

右疊四成字者凡四文

癶　音撥。足刺癶也。止右足，少左足。兩足箕張，是刺癶也。

登　上車也。从癶豆，象登車形。

步　与癶均从止少，而此兩足相接，是步也。爾雅堂上謂之步，禮記堂上接武，就此字之形觀之，卽得其意。

舁　音余。共舉也。从臼廾。四手也。兩人共舉一物也。

廾　古拱字。𠂇左手，又右手也。兩手相向，是拱揖也。

夅　此因疊而降之降之正字。从夂㐄相承，不敢竝也。降，下也。

開　古闢字。从門从𠬞。

亙　古鄧切。竟也。从舟，二象兩岸。舟抵兩岸，是竟之也。

舂　从廾持杵臨臼上。午，杵省也。

亘　須緣切。从二从回。上下回亘以求之也。古文形尤明顯。

右兼指事者凡十文

牢 閑養牛馬圈也。从牛从冬省。取其四周帀也。雈 胡官切。鴟屬。从隹从𦫳。有毛角也。夒 古猱字。奴刀切。似人。故从頁巳止夂。其手足也。氐 或作乇身。音縻。木本也。从氏从一。其貫於一下者。根在地下也。

右兼象形者凡四文○四字皆物也而合宅字以爲形

以上九類皆正例也

𤕦 女庚切。此槍攘之攘之正字。亂也。从爻工交吅。己象交構形。襄囊从之。

葬 从死在茻中。一則薦之之物之形。

爨 炊也。同象甑形。臼以持之。冂爲竈口。廾推林內火。

父 从又舉杖。

反 从又厂象形。案反當爲阪之古文。故从厂。特又字不可解。或是通體象形。本作反与后。后相似。後人斷之耳。

疐 陟利切。礙也。不行也。从叀从止。引而止之也。冂象牽馬之轡。

鼓 从壴支。象其手擊之也。

腦 頭髓也。从囟从匕。相匕著也。巛象髮。

夔 渠追切。卽魖也。如龍一足。从夊。象有角手人面之形。案此字較夔多兩角耳。亦以會

意爲形者也

夫 从大一象簪

開 从廾兩手開門也一象扃形小篆斷一爲二又直𠬞爲廾遂成幵矣非从幵聲也

右於會意外加一形者凡十一文○不入會意定象形者彼以形爲主此合全字乃成意也即如閧字兩手奉扃以開門其意不以扃爲主也

屯 難也从屮貫一一地也屮曲其尾所以會難意也

芻 既刈之艸包束之艸分爲兩而各包之便於擔荷也勹同包

𣂚 古折字从斤斷艸艸變艸爲屮以見其爲已斷也

𠯑 音蘖。語相訶歫也。从口歫辛。辛，惡聲也。案此訛詐之正字。言从口辛聲。考曲其尾，非徒与言相避也，乃以見歫之之意也。俗作啐，非。

十 數之具也。五之古文作乂。四通八達之意。十从乂而正之，仍是此意。二五爲十，故从之也。

北 从兩人相背。北者人之所背也。右人已變爲匕，而仍謂之人者，如夾坐之左人亦變如匕，非變不足見意也。

𦣝 音誑。乖也。从二臣相違。

舛 昌兗切。對臥也。从二又相背。

歰 亦作濇。俗作澀。不滑也。从四止而上二止倒者，兩人相牾之狀也。

[illegible] 古悖字。从二或而下一或倒者。兩人誖逆之狀。

右从其字而變其字之形者，凡十文。○吾因西嶽華山廟額嶽字、度尚碑雝字推之，知犾當作𤇾，雝當作雝，乃足見意也。

廴 余忍切。長行也。从彳引之。彳，小步也，引之則長行也。而曳長之，因取曳聲。

世 三十年爲一世。从卅而曳長之，因取曳聲。

丰 艸盛丰丰也。生篆作㞢，丰从生而達於下，以見其盛也。

无 無之奇字也。許君凡兩說，前說通于元者，虛無道也。謂元字之丿在二之下，无字之丿貫乎二也。是較元字少增以見意。後引王育說天屈西北爲无，謂天字之乀不屈，无字之乚則屈，是少變天字之形以會意也。吾用其前說者，元、无、去儿，皆是二，丅去人則𠆢，不成字也。

右就本字而少增之，即足會意者，凡四文。

𦳊 糞也，从艸，象其蕪穢也，从胃省者，已自胃 合 而出也，左傳、漢書皆借矢，俗作屎。

㕣 山間陷泥地，从口，从水敗皃，字亦作沇，又變作兖。

彳 丑亦切，小步也，从半行。

支 去竹之枝也，从又持半竹。

晝 从日，从畫省，畫者界也，晝与夜為界。

隶 徒耐切，及也，从又，从尾省，又持尾者，从後及之也，尾乃譬況之詞，非眞尾也，及字从人从又，亦又在人之後。

几 音殊，鳥短羽飛几几也，省飛為凡，省凡為几。

眔 徒合切，目相及也，从

目从隶省。昔𦠅古腊字，从殘肉，日以晞之。再冉一舉而二也。爯爯處陵切，幷舉也。再爯皆从冓省，葢以冓字揩疊，合兩爲一也。一舉其中爲再，爪舉其中爲爯，此省而不省者也。

歺𣦵音櫱，剡骨之殘也，从半冎。冎冎古瓦切，俗作剮，从骨省，別从之。

𣎵𣎵古櫱字，从木無頭。梟梟不孝鳥也，日至捕梟磔之，从鳥頭在木上。夕

夕从月半見。片片判木也，从半木。慶慶行賀人也，从心从夊，吉禮以鹿皮爲贄，故从鹿省，猶之虍爲虎文也。

𡿨𡿨古畎字。巜巜古澮字，川篆作巛，省一筆爲巜。

小於川也，再省一筆爲く，又小於巜也。

谷 从水半見出於口。

非 違也。从飛下翄。

卂 息晉切。疾飛也。从飛而羽不見。

俎 从半肉在且上。

了 尥也。尥，行脛相交也。从子而省兩臂。

孑 居桀切。無右臂也。从子而省右臂。

孓 居月切。無左臂也。从子而省左臂。

右省文會意者，凡二十七文。○雖省而不於省得意者，入順遞並峙。

𣥂 从反止。音撻。蹈也。

乏 正以受矢，乏以蔽矢，故反正爲乏。

亍

亍　音畜。丑玉切。步止也。从反彳。

𠬞　古攀字。引也。从反廾。人有所𠬞引。則兩手向外。故不云从ナ又相背而曰从反廾。隸从𠬞者皆變爲大。

[反爪]　此執掌之掌之正字。从反爪。

[反卩]　則候切。卩也。从反卩。

[反丮]　居玉切。持也。从反丮。反卩而義同卩。𠬝反丮而義同丮者。卩即節奏之正字。丮𠬝即戟揭之正字。皆連語也。

[反丂]　音呵。从反丂。

叵　普火切。不可也。从反可。此大徐新附字。以時俗恆用。故仍采之。

㐄　苦瓦切。同跨。步也。从反夂。夅䍃从之。

[反邑]　从反邑。說文無音義。

匕 [反人]　比也。君子周而不比。相比是反人道也。故从反人。此即象形篇匕字。說文兩義歸之一字竊以爲未安。故分收之。

比 密也。从反从。

㐆 於機切。歸也。从反身。此歸依之依之正字。

旡 居未切。飲食气屰不得息也。从反欠。

司 臣司事於外者。从反后。

抑 按也。从反印。

丸 从反仄。仄，傾側也。丸則正圓矣。

𠂢 古派字。水之衺流別也。从反永。

𢇍 古繼字。从反㡭。㡭古絕字。

卯 卯爲春門。萬物已出。丣爲秋門。萬物已入。出入之意不可象。故借門象之。丣从反戼。

酉 丣不可从反丣。故連其上以見意。

右反文會意者，凡二十二文。○業已反之倒之，何以爲會意？則以合本字之意而思之，乃可得其意也。

𦥑 𦥑 居玉切。叉手也。从倒𠬞。

幻 幻 胡辨切。惑也。从倒予。

𣆪 𣆪 同厚。从倒亯。亯，獻之於上也。反而施之下，則厚矣。

帀 帀 子荅切。周也。从倒㞢。㞢者，出也。出而倒之，則反其故處，是周帀也。

匕 匕 變也。从倒人。此變化之正字。化，教行也，乃教化字。今合爲一。

尾 尾 从倒毛在尸後。𡱂屬皆从古尾字。

県 県 此梟首之梟之正字。从倒𥄉。

𠫓 𠫓 同突。不順忽出也。从倒子。古文㐬㐬从倒古文𡥜。流、疏、毓从之。

以 㠯 用也。从倒

乚

右倒文會意者凡九文

爾 麗爾猶靡麗也从冂从㸚其孔㸚尒聲

爽 明也从㸚从大徐楚金曰大其中縫隙光也案爾爽二字皆取窗櫺之意其空白處乃字義也

𨛜 卽巷字也从反正兩邑許君云鄉道也兩邑祇有鄉意所謂道者以中閒空白爲路也

𨺅 似醉房九二切蓋卽隧字也許君云兩阜之閒其意重閒大風有隧有空大谷是其意也

右意不在字中轉在空白之所者凡四文

建建立朝律也。从聿从廴。案律者均布也，故从彳聿，即筆也。筆之於書也。聿尚無律意，而建以从聿為律者，因律从聿也。

曆曆音函。和也。从甘从厤。厤，調也。甘亦聲。案厤，治也。無調意。秝，稀疏適歷也。適歷有調和意，是由厤所从之秝得意也。

望望月滿与日相望，似臣朝君。从月从臣从壬。壬，朝廷也。案以廷从王而謂王為廷。

宰宰辠人在屋下執事者。从宀从辛。辛，辠也。案辛，罪也。辛从辛，因有罪義。

報報當罪人也。从㚔从𠬝。𠬝，服罪也。案此因服从𠬝而𠬝遂有服意。當者，今之照律定罪也。

右所从之字不成意，轉由所从之字之所从与从所从之字者以得意也。凡五文。

吏 治人者也。从一从史，史亦聲。○意中有聲，故云亦聲。下竝放此。不悉記，惟其聲不易見者乃記之。

禷 以事類祭天神也。

禮 履也。所以事神致福也。从示从豊，豊亦聲。

祏 木主石函也。禮有郊宗石室。

禜 設緜蕝爲營，以禳風雨雪霜水旱癘疫于日月星辰山川也。从示，營省聲。

襘 會福祭也。

琥 發兵瑞玉，爲虎文。

瓏 禱旱玉，爲龍文。

瑁 諸侯執圭朝天子，天子執玉以冒之。

珩 佩玉有聲，以爲行節。

珥 充耳也。

琀 胡紺切。送死口中玉也。

於 丑善

切，旌旗杠皃，从丨从於，於亦聲。

芬芬 艸初生，其香分布也。

苷苷 甘艸也。

葻葻 音婪，艸得風皃。

菑菑 不耕田也，从田从巛，巛亦聲，亦作菑。

⿱艹耒⿱艹耒 盧對切，耕多艸。

莽莽 南昌謂犬善逐兔艸中為莽。

胖胖 普半切，半體也。儀禮夫妻胖合也，宋版釋文作胖。

牭牭 息利切，四歲牛。

犓犓 以芻莝養牛也。此芻豢之芻之正字。

⿱臤牛⿱臤牛 喫善切，牛很不從引也。

氂氂 里之莫交二切，犛牛尾也，从犛省从毛。

單單 大也，从吅，吅亦聲。甲者車之省，博古圖蘄字有从單單者，是其證。

右右 助也

从口从叉，叉亦聲。喪亡也。从哭亡，亡亦聲。遻五各切，相遇驚也。返

還也。選遣也，擇也。巽遣之。齨其久切，老人齒如臼也。𪙏

戶八切，齧骨聲。𤘽去其切，虎牙尖，故从奇牙。𤕟音疏，門戶𤕟窻也。从

疋从囪，疋亦聲。疏音疏，通也。从㐬从疋，疋亦聲。案𤕟疏今皆借疏爲之。舌舌在

口中，物入口，必干於舌，干亦聲。拘止也。从句从手，句亦聲。笱曲竹捕魚笱也。

鉤曲也。𦬇居虯切。艸之相丩也。糾繩三合也。博

博 大通也。从十从尃。尃，布也。亦聲。 詵 致言也。从言从先。 誥 告也。

詔 誥也。 警 戒也。 訥 言難也。从言从内，内亦聲。 誼 人所宜也。从言从宜，宜亦聲。仁義古作仁誼，威儀古作威義。儀者度也。 訄 苦后切。扣也。如求婦先訄叕之。

菐 蒲沃切。瀆菐謂煩辱之事也。从丵从廾，廾亦聲。 僕 从人从菐。 𦍒 音須。賦事也。从菐从八。八，分之也。亦聲。 樊 鷙不行也。从𠬜从棥。

晨 食鄰切。早也。从臼从辰。臼辰者，言早起執事也。今作晨，晨，農之省文。大火星之別名。 農

釁 虛振切。血祭也。从爨省，从酉。酉，酒也。从分，分亦聲。 鞣鞣 耳由切。耎也。 䩡

䩡 古洽切。鞮䩡沙也。 鬻鬻 武悲切。此糜之正字。从䰜，从米，米亦聲。俗省作粥。音之六切。

⿰祟又⿰祟又 音贅。卜問吉凶也。从又持祟，祟亦聲。 杸杸 殳也。 整整 从攴，从束，

从正，正亦聲。 政政 正也。 潄潄 郎電切。辟潄銕也。从攴，从湅，湅亦聲。 攽

攽 此頒分之頒之正字。 敆敆 古沓切。合會也。 敡敡 以豉切。侮也。 ⿰羣攴

⿰羣攴 渠云切。朋侵也。 ⿰𤔔攴⿰𤔔攴 煩也。今通用亂。 鼔鼔 說文讀若屬。玉篇之錄切，又公

戶切。擊鼓也。从攴从壴，壴亦聲。

甫　男子美稱也。从用父。古多借父爲甫。父亦聲。

[illegible]　于線切。相顧視而行也。从目从延，延亦聲。

瞑　古眠字。从目冥。冥亦聲。

齅　許救切。以鼻就臭也。

奭　詩亦切。盛也。从大从皕，皕亦聲。

雊　古候切。雷始動，雄雌鳴而句其頸。

[illegible]　音蔑。火不明也。从苜从火，苜亦聲。

瞿　音句。鷹隼之視也。从隹从䀠，䀠亦聲。

幽　从山中𢆶，𢆶亦聲。

叀　同專。小謹也。从幺省，从屮。屮，才見也。屮亦聲。

舒　伸也。从舍从予，予亦聲。

𣪠　疾正切。阬也。从𣦼从井

殯 死在棺將遷葬柩賓遇之

骿 部田切骿脅也

腥 穌佞切星見食豕令肉中生小息肉也胜臊之胜从生亦作鮏鱢

剝 裂也从刀从彔彔刻割也

劃 呼麥切錐刀曰劃

劑 在詣切齊也

刺 君殺大夫曰刺刺直傷也

笙 正月之音物生故謂之笙十三簧象鳳之身

筑 張六切似箏五弦之樂也从竹从巩巩持之也竹聲

簺 先代切行棊相塞謂之簺

迈 同記遒人以木鐸記詩言从辵从丌丌亦聲詩往迈王舅迈語助辭也今譌近

𠕋 告也今通用冊

可

从口从丂丂亦聲

吁　从口从于于亦聲

憙　許記切說也

愷　康也从心豈豈亦聲

虘　直呂切器也从虘盅虘亦聲

監　他感切血醢也

咅　天口切相與語唾而不受也从否从丶丶亦聲

阱　同穽

饗　鄉人飲酒也

餽　俱位切又音饋吳人謂祭曰餽

[illegible]　日月合宿爲[illegible]今通用辰

柵　編樹木也

枰　蒲兵切榻謂之枰又棊枰謂之廣平

杽　敕九切械也从木从手手亦聲

糶　他弔切从出从糴糴亦聲

國　从口

从或，或古域字。

貧 財分少也。

鄯 時戰切。鄯善，西域國也。

岐 古文作嶅，山有兩岐，故从支。

巷 从𨛜从共，共亦聲。

晄 胡廣切，明也。

晛 胡甸切，日見也。

旄 幢也。

𣐺 胡感切，木垂華實也，从木从𢎘，𢎘亦聲。

室 从至，至亦聲。

⿱穴抉 於決切，深抉也。

窞 徒感切，坎中小坎也。

⿱穴⿰正見 敕貞切，正視也，从穴中正見，正亦聲。

窣 穌骨切，从穴中卒出。

瘚 居月切，屰气也，从疒从屰从欠，或省作欮。

瘧 寒熱休作病。

冠

冠从冂覆也从元首也从寸法度也元亦聲 冣才句切積也 ⿱罒繯古眩切网也 罶力久切笱也魚所畱也 ⿱埶巾輸芮切禮巾也 敝帗也一曰敗衣 黺此九章之粉之正字从黹从粉省 仕學也 佼下巧切交也 仲中也 偫直里切儲以待用也 傾仄也 佮古沓切合也 儥余六切賣也 儗魚紀切僭也一曰相疑 係絜束也 化教行也从匕从人匕亦聲 從慈用

切隨行也。从辵从彳,从亦聲。

衵 入質切。日日所常衣。

黹 諸几切。紩衣也。

覽 觀也。

歊 許嬌切。歊歊气出皃。从欠从高,高亦聲。

𣢞 音酉。言意也。

欥 詮詞也。从欠从曰,曰亦聲。詩遹駿有聲。聿來胥宇。遹聿皆借字。欥其正字也。余聿切。

⿰𠬶頁 烏沃切。納頭水中也。从頁从𠬶,𠬶亦聲。

頛 盧對切。頭不正也。从耒,耒頭傾也。亦聲。

靦 面見也。

䫇 汝塩切。頰須也。

彰 文章也。

哊 呼后切。厚怒聲。从口后,后亦聲。

詞 意內而言外也。从司从言司,司亦聲。

匌 侯閤切，帀也。

屵 五葛切，岸高也，从山厂，厂亦聲。

仄 仄之籒文。

硻 口莖切，餘堅者。

長 从兀从匕，从倒亡聲，倒亡者不亡也。

耏 亦作耐，罪不至髡也，从而从彡，而亦聲。

⿰馬八 博拔切，馬八歲也。

騛 甫微切，馬逸足也。

馼 馬赤鬣縞身，目若黃金。

馺 穌答切，馬行相及也。

⿰犭音 乙咸切，竇中犬聲。

⿱壯犬 祖朗切，妄强犬也。

煣 人久切，屈申木也。

焚 燒田也。

絞 縊也，从交糸，交亦聲。

悤 倉紅切多

遽悤悤也从心囪囪亦聲　尳　戶骨切厀病也　⿺尢羸　郎果切厀中病也　執

捕罪人也从丮从㚔㚔亦聲　頏　同亢　𡕴　岡朗胡朗二切直項莽𡕴

皃从亢从夋夋倨也亢亦聲　⿱䀠夰　九遇切舉目驚⿱䀠夰然也从夰从䀠䀠亦聲　奡

五到切嫚也从百从夰夰亦聲　昦　春爲昊天从日夰夰亦聲　奘　徂朗切駔也

息　从心从自自亦聲　意　察言而知意也从心从音音亦聲　憼

居影切敬也　懬　苦謗切廣大也　⿱玆心　胡田切急也　愚

愚 禺猴屬獸之愚者

懝 五溉切騃也

態 能意兼聲

泬 呼穴切水從孔穴疾出也

洸 水涌光也

派 同𠂢

洐 戶庚切溝行水也

沒 沈也

泐 盧則切水石之理

泮 泮宮

否 不也

閨 特立之戶上圜下方似圭

閽 常以昏閉門隸也

招 手呼也

拲 兩手同械也

妊 如甚切孕也

姓 从女生生亦聲

娶 从取女取亦聲

婚 婦家也取婦以昏時

姻

姻 壻家也，女之所因。娣 女弟也。婢 女之卑者。媄 無鄙切。色好也。嬰 頸飾也。从女从賏，賏亦聲。媛 王眷切。美女也。人所欲援也。

奸 古寒切。犯淫也。医 於計切。盛弓矢器也。从匸从矢，矢亦聲。匹 四丈也。从八匸。八揲一匹。八亦聲。⿰糸集 姊入切。合也。⿰糸米 虞書粉米之米之正字。

螟 蟲食穀心者。吏冥冥犯法，卽生螟。蟘 徒得切。蟲食苗葉者。吏乞貸則生蟘。今詩作螣。

蝯 禺屬。善援。鼀 七宿切。先鼀詹諸也。其鳴詹諸，其皮

黿黿其行先先从黽从先先亦聲詹諸今作蟾蜍

坤 土位在申

坪 皮命切地平也

均 平偏也

坒 毗至切地相次比也

墨 从黑土黑亦聲

畿 天子千里地以逮近言之則言畿也从田从幾省亦聲幾近也

黃 从田从炗炗亦聲炗古光字

勶 發也俗作撤

劫 以力止去曰劫

愶

勰

協 皆和也玉篇不收愶字

鉤 苦厚切金飾器口

鏨 藏濫切小鏨也

鈁 府良切方鐘也

鍒 音柔鍒之耎也

⿰半斗 普幔切。量物分半也。

轈 鉏交切。兵高車加巢以望敵也。

⿰車反 府遠切。車耳反出也。

轚 古歷切。車轄相擊也。

陸 高平地。

陷 高下也。

⿰阝頃 仄也。

隙 壁際孔也。

垒 力軌切。垒墼也。从厽从土，厽亦聲。

季 从稺省，乘聲。

疏 通也。从㐬从疋，疋亦聲。

𦙍 女久切。食肉也。

羞 進獻也。从羊从丑。丑亦聲。

酒 从水从酉。酉亦聲。

酣 酒樂也。

右會意兼聲、而聲卽在意中者凡二百五十文○如禷字說云、以事類祭天神、下文不言从類而第云類聲、以說義之詞已見類字也、此類皆采之、至如像下云象也、小徐本云象聲、是也、大徐加从象、則誤、蓋相似之像、上古借象、中古加人、易曰象也者像也、故許君說曰象也、謂古借象爲像也、若言从象、則象祗是獸、不可通也、此類皆依小徐、不復采之、

碧碧　石之青美者、从玉石、白聲、

⿱艹⿰氵毒⿱艹⿰氵毒　音督、水萹茿、从水艸毒聲、

蕅蕅　从水艸禺聲、今作藕、

蓱蓱　苹也、說文水部萍字、卽此字之俗、後人所羼入也、从水艸并聲、

藻

藻 水艸也。从水艸，巢喿則聲也。

春 从艸从日，艸春時生也。屯聲。

會 詞之舒也。从入从曰，㘝聲。㘝音聰。

歸 女嫁也。从止，从婦省，自聲。

疌 疾葉切。疾也。从止从又。又，手也。屮聲。

疌 隸亦作疌。尼輒切。機下足所履者。疾也。从止从又，入聲。

御 从彳止卪者。行止皆有節度也。午聲。

卸 司夜切。舍車解馬也。从止卪，午聲。

衛 宿衛也。从行帀，夜巡者必週帀其所巡也。韋聲。

嗣 諸侯嗣國也。从冊从口，司聲。

奉 承也。从手，从廾，丰聲。

鬻 卽今鬻粥字也。从鬲从米，毓省聲。其正文作鬻

⿰⿹才食丮　音載。設飪也。儀禮七載借載用之。从丮从食，才聲。

尋　繹理也。从工口，从又从寸，彡聲。

徹　通也。从攴从彳，育聲。

𠩺　許其切。坼也。从攴从厂，未聲。斄氂犛从之。

斆學　本係一字。从敎从冂。冂尚矇也。臼聲。小篆省文。

巂　戶圭切。子巂，郎子規也。从隹，屮象其冠，冏聲。

䧹　同鷹。从隹从人，瘖省聲。

雁　知時鳥也。从隹从人，厂聲。鴈鵝也。今通用。

衡　牛觸，橫大木其角。从角从大，行聲。古文奧，會意。

簠　方矩切。黍稷圜器。从竹从皿，甫聲。

⿱⿰古缶皿　公戶切。器也。从皿从缶，古聲。

市 市有垣，从冂，从乁，古及字，屮省聲。舝 胡戛切，亦作轄鎋。車軸耑鍵也，从舛，舝在兩軸耑相背也，禹省聲，禹古禼字。梁 橋也，从木，从水，刅聲。槱 余救切，積木燎之也，从木，从火，酉聲。積 職雉切，積𥝩，多小意而止也。一曰木名，从禾，支、只皆聲。此字當入形聲，以積𥝩連語，且罣用附此。𥝩 俱羽切，从禾，从又，句聲。又者丑省也。稽 留止也，从禾，从尤，旨聲。冥 幽也，从日，从六，日數十，十六日而月始虧，幽也，冖聲。虜 郎古切，獲也，从毌，从力，虍聲。牖 从片，从戶，甫聲。竊 从穴，从米，禼、廿皆聲。

寶 从宀从玉从貝缶聲。宜 所安也。从宀之下一之上，多省聲。害 从宀从口害从家起也。丰聲。寱 寐而有覺也。从宀从疒夢聲。此吉夢維何之夢。

競 競也。从二兄競意。丰聲。一曰敬也。鬄 他歷切。鬀髮也。从髟从刀易聲。

[illegible] 从匕从从比矢聲。⿺尢是 ⿺尢巂 音提擕。跛不能行。爲人所引也。从尢从爪是巂聲。

⿱⺮⿰㚔⿹勹言 此鞫獄之鞫之正字。从㚔从人从言竹聲。⿰㚔允 進也。从夲从中允聲。今通用允。

憲 敏也。从心从目害省聲。⿱罒焦 子小切。釃酒也。一曰浚也。从网从水焦聲。以縑漉酒，故从网。

涅涅 奴結切。黑土在水中也。日聲。

溼溼 此乾濕之濕之正字。从水一。所以覆也。覆而有土，故溼也。㬎省聲。濕，他合切。瀹濟漯之漯之正字。

泰泰 夳 他達、他蓋二切。滑也。从廾从水，大聲。古文从仌大聲。楷作太。

聽聽 从耳从悳，𡈼聲。

嬔嬔 芳萬切。生子齊均也。从女从生，免聲。

柩柩 从木从匚，久聲。

繭繭 从糸从虫，芇聲。古文作絸。

巠巠 古靈切。水脈也。从川在一下。一，地也。𡈼省聲。古文作巠。

彝彝 宗廟常器也。从糸。糸，綦也。廾持米。器中實也。彑聲。

畞畞 从田从十，久聲。

勱

勴勴良倨切，助也，从力从非，慮聲。今爾雅作勴。陳陳从阜从木，申聲。𨹹𨹹之少切，耕以臿浚出下壚土也，从阜从土，召聲。𨽌𨽌小篆作燧。塞上亭守燧火者，从𨺅从火，遂聲。

疑疑从子止匕矢，皆聲。辰辰辰爲三月，農時也，物皆生，从乙匕，象芒達，从二，二古上字，厂聲。醬醬隸作醬，从酉从肉，爿聲。

右於會意之外别加聲者凡六十八文

君君尊也，从尹，發號，故从口。案此兩對立文，不可合爲一義，下放此。矞矞余律切，以

字無聲不得不謂之會意實則各自爲意不可會也不可强合爲一

錐有所穿也。一曰滿有所出也。从矛从㕯。矛与錐不倫，第从比象之意。㕯从内，内与穿略相近。

䜌 呂員切。亂也。治也。不絕也。案此三義，言与絲皆有之。然非王言如絲之義。

蔑 莫結切。勞目無精也。从苜，人勞則蔑然。从戍。案以戍爲勞，与目不相涉。

利 銛也。从刀，和然後利。从和省。上二句指刀之銛利言。下二句吉利意也。

曹 獄之兩曹也。在廷東。从棘。治事者。从曰。案棘指其地，曰指其職。

孛 蒲妹切。艸木𣎵孛也。从𣎵。人色也。从子。論語曰色孛如也。上二句言艸木之盛。下二句言人色之盛。

㣣 息廉切。疾利口也。从心从冊。繫傳曰：冊，所言衆也。

聯 連也。

从耳耳連於頰也从絲絲連不絶也

醫 說文云殹惡姿也醫之性然言醫精小道性不和平也又云得酒而使从酉言藥往往用酒也

右字無聲不得不謂之會意實則各自爲意不可會也許君亦兩分說之不可强合爲一凡十文

毒 大徐以爲从屮从毒小徐以爲从屮毒聲皆不可解

尒 詞之必然也从入丨八八象气之分散案許君說入而不說入丨本不可說也

詹 多言也从言从八从厃厃者仰也与言無涉即許君收詹於八部而不收於言部亦不可解

逐 追也从辵从豚省

邍

邍邍邍邍説文曰，高平之野，人所登。從辵、备、彔。闕。案爾雅廣平曰原。原者邍之借字。繫傳分釋夂田，則备者兩字誤合爲一也。石鼓從邍，蓋卽彖字。是知從田，故釋以高平之野；從辵從夂，故釋以人所登；彖則聲也。朱文藻鈔小徐本從彖，而繫傳固云未知何故從彔矣。則朱本恐是依石鼓改，故彔譌爲彖，終當闕疑。

𢍭音逵。持弩柎也。从廾肉。徐氏曰：从肉未詳。

叜叜从又从灾，均不可解。衆經音義病見於脈之説，亦附會難通。左傳作傁。

燮燮穌叶切。和也。从又言从炎。籒文作燮，从羊。均不可解。似當从言，从炎部燮之省聲。

𠬛𠬛音叨。滑也。从又屮。案屮古艸也。手持艸，豈有滑義。

段段雅

切借也周伯琦曰从皮从二皮多假也案真假乃漢語不可以說古義

相相 省視也从目从木易曰地可觀者莫可觀於木案許君以此說从木之意終涉牽强

臱臱 武延切宀宀不見也此字之从自从穴已不可解而又非字也

百百 十十也从一从白白同自數十十為一百百白也十百為一貫貫章也豈謂一百者一貫之所自始邪

芇芇 母官切音宀相當也說文收𦍌部𦍌羊角也豈於兩角相麗得相當義邪而从冂亦不可解繭字从之

隼隼 思允切祝鳩也从隹而一不可解

雋雋 徂兗切肥肉也从弓所以射隹竊意冂即短尾之九非弓也

隋隋 徒果切裂

肉也。从肉从陸省。竊謂陸省聲也。

笑　當以漢書作关為正。上半象形。下半會意。

左　古佐字。輔弼之意。从𠂇可解。从工不可解。或天工人代之意邪。

某　此梅杏之梅之正字。酸果也。从甘不可解。竊意當依本艸綱目作呆以會意定象形字也。梅。楳也。

質　以物相贅。从貝所不可解。

𡖅　陟加切。厚脣也。从多从尚。小徐尚聲。

冢　莫紅切。覆也。从冃豕。豕何事於覆之乎。

㒳　再也。从冂。闕。易曰參天㒳地。案此字似从古熒切之冂。非莫狄切之冖。冂者界也。界之中以丨分之。入其中者有二。各占一區。故為㒳也。今通用兩。錙銖斤兩皆權名也。

帥　佩巾

也从巾自不可解。

白□　从入合二与白色無涉。

壬　小徐作壬他鼎切善也从人士士事也一曰象物出地挺生也案前說則當作𡈼後說則當作𡈼是篆文先不能定也。

𦨶□　音兀船行不安也从舟从刖省似挩聲字。

朕□　我也从舟已於我義不協灷字又說文所無玉篇灷主倦切火種也聲義皆不協鐘鼎文作□亦不可解。

兀□　高遠也从一在儿上卽一在人上亦何以爲高遠乎。

秃□　說文兩說皆未妥玉篇有籀文作秃當是正字从毛者頭上之毛曰髮曰鬌曰鬢尊人故詳之不似物毛概曰毛也秃者之髮但離離如毛而已故从毛在人上□□篆體略似是以譌也。

昜□

与章切，開也。从日一勿。豈謂一旗開展於日中邪。周伯溫謂侌昜以天地之气言，陰陽以山水之南北言，葢是。一者地也。勿非字，衹是昜气之形。日出乃見，故从日。

豙 魚既切，豕怒毛豎也。一曰殘艾也。从豕辛。案辛難解。

卮 章移切，圜器也。上象人，卪在其下。節飲食之義。案器名而从人，義頗迂遠。

眘 古慎字。不知所从。尞字从之。

耿 耳箸頰也。从火，不可解。

威 姑也。从女，从戌。

婁 空也。从毋中女，空之意也。小徐本篆从毋，亦不可解。毋中女先不成文，更無論空義也。

晏 烏諫切，安也。从女曰。

我 手卽𠂹之古文𠂹。戈𠂹既不成義，又

於我義不協。**戠**之弋切。義闕。識職織从之。**鼂**音朝夕之朝。亦借爲朝匽鼂蟲名也。从黽可解。从旦不可解。古文作鼂皀𥁋皀之譌也。**凡**最括而言也。从二从乁。乁古及字。案二則多矣。多而連及之是最括之意。然字形之爲二爲乁。不可分也。**勞**从力从熒省。熒火燒冂。用力者勞。許君委曲說之。而意終不可會也。且古文𤇾。又將何以說之。**斬**許君曰。斬法車裂。故从車。然秋官之斬。鄭注謂即腰斬。古制也。車裂在後。何由法之。且衰世事豈足法乎。**官**吏事君也。从宀从𠂤。𠂤猶衆也。此與師同意。案禮在官言官。官與府寺同。皆衙署也。从宀可解。許君雖曲解𠂤字。終不安也。

絫絫力軌切，增也。从厽从糸，厽亦聲。絫，十黍之重也。案此字若入糸部，从糸厽聲，則其詞順，然其義曰增，則不由糸取義，不得入糸部，而厽糸二字不可合也。

丙丙陰气初起，陽气將虧。从一入冂。一者陽也。案南方之卦為三，陽中固有陰，然曰一入冂，則似閉藏時矣。古篆作丙，爾雅魚尾謂之丙，可信象形字也。

丁个似即今之釘字，亦象形字。許君丁實之說恐未然。

戊戊中宮也。象六甲五龍相拘絞也。字形中似不能得此意。

己己中宮也。象萬物辟藏詘形也。

庚庚象秋時萬物庚庚有實也。

辛辛秋時萬物成而孰，金剛味辛，辛痛即泣出。从一从辛。辛，辠也。案以上三字不敢强解。

壬 壬 象人褱妊之形。案或以爲任之古文。苟僭形也。横觀之卽得。

癸 癸 揆也。交錯二木。度地以取平也。此六書正譌之說。尚可解。許君說亦不可解。

孴 孴 魚紀切。盛皃。从孨从日。

丑 丑 紐也。竊謂此字卽杽之古文。桎梏之梏也。从又手也。丨束其指。此以會意定象形字也。

寅 寅 正月陽欲上出。陰尚强。象宀不達髕寅於下也

右闕疑者凡五十八文

會意字。正例九。變例十一。闕疑一。凡一千二百五十四文。○會意字之不須識者。凡百三四十字。或爲經典所不見者。或用其假借之字而置本字不用者。故可

不識也。特欲此種搜括無遺。故備錄之。然世之能識九千文者。諒亦不少。則直取說文讀之可矣。又無取乎區區者爲也。○凡小徐本以爲形聲。而大徐闌入會意者。一切不錄。

文字蒙求卷四

形聲

聲難明者，必云某聲；顯白者省之。

帝 从二，古上字，朿聲。

䄏 此妖孽之妖之正字。

瑬 垂玉也。此冕旒之旒之正字。旗旈本作游，亦借用流，古無旒字。

圥 力竹切，蕈一名菌圥，从屮六聲。篆从六者皆作㐅，而从圥之𢍁齒鼀坴夌皆作𡗜，与大之籀文介，其形不别。

每 从屮母聲。

荅 小豆也，从艸合聲。楷作答，漢隸艸竹不分故也。

茮 椒之本字。

荏 荏平。

縣名。俗譌作茬。蓋𧅰苫也。楷別作葢，蓋爲語辭。莜𦯬艸田器。今本論語作蓧。

茍𦬢艸也。萑雈上職追切，艸多皃。下胡官切。詩八月萑葦。隸同變一形，又与雈相似。荔𦳝艸也。俗誤从劦。茆茆隸从卯，篆从丣，皆是也。魯頌薄采其茆。

蘩𦾔蘩篆作𦺈敏，亦从每聲。尙尙曾也。从八，向聲。必必从八，弋聲。

台𠯑悅也。从口目聲。目古以字。唐唐大言也。从口，庚聲。咢咢五各切。譁訟也。从吅，屰聲。遻鄂从之。徒徒步行也。从辵，土聲。徙徙迻也。从辵，止聲。

往往从彳。㞷聲。句句古侯九遇二切。曲也。从口。丩聲。叫亦从口丩聲。千千从十。人聲。言言从口。辛聲。案辛。過也。似兼惟口啟羞之意。譪譪臣盡力之美。从言。葛聲。謄謄迻書也。从言。朕聲。謚謚行之迹也。从言。兮皿闕。謚謚笑皃。案謚法本从益。唐人猶然。謚字乃後人羼入說文。遂讀謚爲伊昔切。字林訓謚爲笑聲。亦不云笑皃。畁畁渠記切。从廾。由聲。綥从之。异异羊吏切。舉也。从廾。㠯聲。釜釜从金。父聲。孰孰食飪也。从丮。𦎫聲。後專以此爲誰孰字。乃加火作熟以别之。書書从聿。聿者筆也。者聲。

隸隸隸隸 附著也。从隶柰聲。或體从祟聲。出變爲士。

殿殿 擊聲也。从殳屍聲。

寺寺 从寸。之聲。

敷敷 施也。从攴尃聲。隸似从放甫聲。

更更 改也。从攴丙聲。

瞏瞏 渠營切。目驚視也。从目袁聲。

者者 从白。白同自。自米聲。米古旅字。

習習 數飛也。从羽白聲。

羍羍 他末切。小羊也。从羊大聲。達字从之。

難難 鳥也。从鳥堇聲。

鳶鳶 与專切。鷙鳥也。从鳥屰聲。

敢敢 从受古聲。籒文作𣪘。古文作𢼄。楷兼籒古而變之。

膚膚 古同臚。从肉盧聲。

肺肺

从肉，市聲。肖　从肉，小聲。散　雜肉也。从肉，㪔聲。列　从刀，𡿪聲。

觵　卑吉切，以角聲。从角，巤聲。去　从大，凵聲。刱　此創業之創之正字。从井，刅聲。創，傷也。又古瘡字。矣　从矢，㠯聲。良　从畐省，亡聲。憂

和之行也。从夊，𢝊聲。今以憂代𢝊，以優代憂。優，饒也，倡也。愛　行皃。从夊，㤅聲。㤅，惠也。今以愛爲㤅。栞　槎識也。槎，衺斫也。識，記也。此隨山刊木之刊之正字。从木，幵聲。刊，剟也。𢍏

艸木𢍏孛之皃。从𣎵，畀聲。泰卦以其彙誤用蝟之正文。南　从𣎵，羊聲。隆

隆从生，降聲。花从𠂹，于聲。㯻胡本切，橐也。从束，圂聲。橐他各切，从㯻省，石聲。囊奴當切，从㯻省，𤕦聲。櫜古勞切，从㯻省，咎聲。

責从貝，朿聲。賣音育，衒也。从貝，𡍲聲。𡍲，古睦字。讀瀆匵續讀嬻从之。貴从貝，臾聲。臾，古蕢字。那朝那，縣名。从邑，冄聲。鄉从𨛜，皀聲。皀音香。

星从晶，生聲。參所今切，商星也。从晶，参聲。康古穅字。从米，庚聲。年从禾，千聲。黍从禾，雨聲。罕網也。从网，干聲。

罙 武移切，周行也，从网，米聲。詩罙入其阻。或作宷，㲥从之。

宿 从宀，佰聲。佰古文夙。

布 从巾，父聲。

幷 相從也，从从，幵聲。

虛 从丘，虍聲。今作墟，第以此爲空虛字。

展 上展衣之展，从衣，㠭聲，知扇切。下展轉之展，从尸，襄省聲，知衍切。今變一形。

考 从老省，丂聲。

屑 从尸，肖聲。

服 从舟，𠬝聲。

飲 从欠，酓聲。

斥 卻屋也，从广，屰聲。

肆 極陳也，从長，隶聲。

黛 徒耐切，从黑，朕聲。

奔 从夭，卉聲。

替

从竝白聲。白同自，或从曰，或从兟。他計切，廢也，一偏下也。

冢 高墳也，从勹豖聲。

毗 人臍也，从囟比聲。囟取氣所通也。

思 从心囟聲。細放此。

急 从心及聲。

𡿧 水流也，从川或聲。

雪 从雨彗聲。

失 从手乙聲。

戟 从戈倝聲。

賊 从戈則聲。

截 从戈雀聲。

曲 上曲直之曲，从曲玉聲；下器名之曲，已見象形，今竝變一形。

畚 布忖切，蒲器也，从甾弁聲。楷書盧字，亦變甾爲田。

鱷 吾各切。似蜥易，長一丈，水潛吞人即浮出，日南。从虫屰聲。

尤 从乙又聲

薛 上辠也又國名从辛省聲 下艸也从艸辥聲今並變一形

存 从子才聲

右楷已變篆者凡一百一十文

元 从一兀聲髡古作髡軏古作軏从之○凡从之之字或隸已變形或別有發明始記之

丕 从一不聲

瑞 以玉爲信也从王耑聲

壯 从士爿聲

芙 烏浩切苦芙也

葛 絺綌艸也

蒿 菣也

蓐

而蜀切。陳艸復生也。一曰蠶蔟也。少从小，丿聲。尐音輟。少也。从小，乀聲。

㒸徐醉切。从意也。从八，豕聲。牝畜母也。犀从牛，尾聲。遲、徲、墀从之。

犛離、毛二音。牦即其俗字。含嗛也。吾我也。

召評也。唯諾也。啻从口，帝聲。楷又變爲啇。適、謫、敵、𪍿、摘、樀、滴、嫡、鏑，篆皆从啻，隸皆从啇，惟樀尙有作𥽥者。啇又音滴，本也。郤子湘以商爲滴，改士昏禮三商爲三滴，大謬。

咼口戾不正也。从口，冎聲。𥕛不正也。从立，咼聲。二字通用，俗作歪。逃亾也。

微微 隱行也。待待 竢也。延延 長行也。从㢟丿聲。𢍏𢍏 居劵切。摶飯也。从廾釆聲。眷劵奐卷豢拳从之。䙴䙴䙴䙴 七然切。升高也。从舁囟聲。或體加卩。𩰫𩰫 古和切。釜也。螎螎从之。俗作鍋。鬵鬵 音岑。大釜也。从鬲兓聲。鬳鬳 牛建切。鬲屬。从鬲虍聲。巩巩 居竦切。抱也。鞏䂬恐蛩銎从之。曼曼 無販切。引也。从又冒聲。叔叔 拾也。从又尗聲。詩九月叔苴。籒文作村。聿聿 筆也。从𦘒一聲。臤臤 苦閑切。又音鏗。堅也。从又臣聲。殳殳 从又几聲。

祋祋 殳也。从殳示聲。㱿㱿 苦江苦角二切。從上擊下也。一曰素也。从殳肻聲。殼慤穀穀之類从之。殹殹 於計切。擊中聲也。从殳医聲。殺㣊 从殳杀聲。說文無杀字。相傳云音察。

專專 六寸簿也。从寸叀聲。尃尃 芳無切。布也。从寸甫聲。攴攴 同扑。擊也。从又卜聲。古文作攴，楷作攵。敄敄 亡遇切。强也。从攴矛聲。

改改 更也。从攵己聲。𡕥 睦之古文。从囧。𡴀八聲。翁翁翁 鳥頸毛也。从羽。公聲。雐雐 荒鳥切。鳥也。从隹。虍聲。虧从之。雇雇雇 同鳸。侯古切。从隹。戶聲。雚雚工奐切，水鳥也，从雈吅聲。毛詩借用鸛，鸛專畐蹂，別一鳥也。舊古鵂字，舊留也，从雈臼聲，借爲新舊字。羸瘦也。羣輩也，羊好羣，犬好獨。羑進善也。放逐也。[illegible]音律，五指捋也，从殳一聲。肸許訖切，振肸也，肸佾从之。肴从肉，爻聲。肬他感切，肉汁也。肙音涓，小蟲也，从肉口聲。刖絕也。㓞恪八切，巧㓞也，从刀丰聲，契挈栔絜齧从之。籍薄書也，从竹耤聲，耤耤田也，今作藉。畀与也，从丌由聲，鬼頭之由也。式

从工，弋聲。曷 何也。从曰，匃聲。朁 七感切。曾也。从曰，兓聲。卤

气行皃。从乃，卤聲。以周切。旨 美也。虘 許羈切。古陶器也。从豆，虍聲。戲

从之 虘 昨何切。虎不柔不信也。从虍，且聲。樝、鄘、覷从之。盍 子救切。小

器也。衉 苦紺切。羊血凝也。即 就食也。从皀，卪聲。

既 稍食也。从皀，旡聲。食 从皀，亼聲。養 从食，羊聲。匋

此陶器之陶之正字。从缶，勹聲。勹同包。陶，邱名也。故从阜。䍃 以周切。瓦器也。从缶，肉聲。

𥏫𥏫式陽切，傷也。觴傷殤慯皆从𥏫省。亶亶多穀也。从㐭，旦聲。夋夋七倫切，行夋夋也。从夊，允聲。㚇㚇子紅切，鳥飛斂足也。从夊，兇聲。夆夆音縫，牾也。从夊，丰聲。亲亲此榛栗之榛之正字。新親从之，从木，辛聲。榛，蕪也。柔柔木曲直也。員員物數也。从貝，口聲。賁賁彼義切，飾也。从貝，卉聲。貸貸他代切，施也。貣他得切，從人求物也。今以兩義皆屬之貸。賴賴从貝，剌聲。賓賓从貝，㝉聲。景景光也。曏曏許兩切，曩也。倝倝古案切，日始出光倝倝也。从旦。㫃聲。翰戟斡乾榦韓从之。

朔 从月屰聲。

有 从月又聲。

甬 余隴切。艸木花甬甬然也。从𢎘用聲。

糶 穀也。他弔切。

韱 息廉切。山韭也。从韭。𢦔聲。讖殲籤纖从之。

察 覆審也。从宀。祭聲。

完 全也。

容 盛也。从宀。谷聲。以上二字。大徐以爲會意，非也。

宾 莫甸切。冥合也。

𡫸 音竄。塞也。

營 帀居也。从宮。熒省聲。

穴 从宀。八聲。

瘖 於今切。不能言也。

罔 古同網。从网。亾聲。

帛 从巾。白聲。

任

如林切。保也。聚与堅一字而小別。故堅从聚省聲。屖此栖遲之栖之正字。

从尸。辛聲。遲之籒文遟。及謘稺从之。允从儿。㠯聲。頒大頭也。厄

五果切。科厄木節也。从卪。厂聲。廣殿之大屋也。厤郎擊切。治也。从

厂。秝聲。豭牡豕也。豹似虎圓文。从豸。勺聲。類莊子。類自

爲雌雄。釋文引山海經云。亶爰之山有獸焉其狀如貍而有髮其名曰師類。自牝牡也。从犬頪聲。𤐫

火餘也。从火。聿聲。俗作燼。照明也。熱溫也。赧面慙

赤也。从赤𠬝聲。

夸　奢也。从大于聲。

⿱大戜　音秩。大也。从大戜聲。戜徒結切。利也。从戈呈聲。鐵从之。

𠦬　呼骨切。疾也。从夲卉聲。拜之古文⿰扌𠦬从之。

耎　稍前大也。又同偄。弱也。俗作輭。从大而聲。

慮　謀思也。从思虍聲。

⿱先心　从心先聲。先者先之古文。

巟　音荒。水廣也。从川亡聲。

𦣝　与之切。廣𦣞也。从𦣞巳聲。熙从之。

鹹　北方味也。

抉　挑也。从手夬聲。

戕　槍也。从戈爿聲。

𢦏　祖才切。傷也。从戈才聲。哉載栽裁从之。

戉　古鉞字。从戈𠄌聲。

盧

同盧。从甾缶。匽 於蹇切。匿也。匡 古筐字。凡
之甾虍聲。从匸晏聲。从音方之
匸者皆器名也。引 開弓也。从 系 繫也。从糸。
如匪匯皆足。弓丨聲。丿聲。
繯 胡畎切。纍 大索 維 車蓋維 緐
絡也。也。也。
緐 馬髦飾也。从糸。𢇍 古還切。織絹以絲貫杼也。
每聲。今作繁。从絲之古文𢆶丱聲。丱古
礦 蚤 齧人跳蟲。从虫。坴 力竹切。
字。从虫叉聲。風 凡聲。土塊坴
坴也。从 在 从土。塞 先代切。此邊塞字也。从
土兂聲。才聲。土𡫳聲。𡫳見會意竝峙

篇。垂 遠邊也。从土，𠂹聲。畱 止也。从田，丣聲。今作留，劉亦作劉，卯聲。未嘗不諧，今之君子不知也。𡴫 讀若臬，危高也。从𠂤，屮聲。阞 盧則切。地理也。降 古巷切。下也。隓 墮之正文也。說文曰：敗城阜曰隓。从阜，𡍮聲。說文無𡍮字。陛 升高階也。从阜，坒聲。成 从戊，丁聲。古文作戚。𡥈 古肴切。效也。从子，爻聲。敎从之。育 養子使作善也。从𠫓，肉聲。酓 於忝、火含二切。酒味苦也。

右爲宅字之統率者凡一百六十四文

歲 歲 木星也。从步，戌聲。五星名五步。

嚚 嚚 語巾切。語聲也。从㗊，臣聲。

農 農 从晨，囟聲。

臧 臧 善也。从臣，戕聲。說文無藏字，漢書亦借臧為藏。

鳳 鳳 从鳥，凡聲。

巽 巽 从丌，卬聲。

羲 羲 气也。从兮，義聲。

彭 彭 从壴，彡聲。案聲不諧。

虒 虒 息移切。委虒，虎之有角者也。从虎，厂聲。

盡 盡 从皿，㶳聲。

亭 亭 从高省，丁聲。

亳 亳 从高省，乇聲。

韋 韋 从舛，口聲。

韓 韓 井垣也。从韋，取其帀也，倝聲。

甤 甤 音綏。艸木實甤甤也。从生，豕聲。豕讀如豨。蕤从之。

霸 霸

此生魄死魄之魄之正字从月䨻聲。

寤 皆从㝱省吾未則聲也。

飾 从巾飤聲。

重 从壬東聲。

臨 从臥品聲。

兌 說也从儿㕣聲不諧。

彥 从彣厂聲。

炭 从火屵聲。

鹽 从鹵監聲。

聖 从耳呈聲。

委 委隨也古讀委如阿故从禾聲。

倭 从女仁聲。

㔷 此側陋之陋之正字从匸丙聲篆當从匸从丙會意陋乃隘陋之正字。

發 射發矢也从弓癹聲。

綏 車中把也妥從ㄙ聲ㄙ古綏字妥字轉聲綏又歸本聲也。

雖 似蜥

易而大从虫唯聲

蠲 馬蠲蟲名葵中蠶也从蜀益聲許君分爲四體說之非也

乾 上出也从乙倝聲

右聲意膠葛及聲不諧者凡三十四文

珊 删省聲

茲 益也从艸絲省聲

薅 呼毛切拔去田艸也从蓐蓐除艸復生也好省聲亦作𦲷茠

余 語之舒也从八舍省聲

犖 呂角切駁牛也从牛勞省聲凡从𤇾者皆熒省聲唯此及嵤皆勞省聲

犂 从牛黎聲隸則省矣秎古

利字聲，自諧也。

舌 古活切。塞口也。从口，氒省聲。亦兼指事矣。适栝話刮髺活聒括从之。

哭 从吅，獄省聲。

進 从辵，閵省聲。

躖 徒管切。踐處也。从足，斷省聲。

商 从外知內也。从冏，章省聲。案此字取內意是展轉而从冏之所从也。

詧 同察。从言，察省聲。

訇 虎橫切。騃言聲。从言，勻省聲。

讋 之涉切。音慴。失气言也。从言，龖省聲。籒文不省。

讄 音誄。禱也。纍功德以求福也。从言，纍省聲。亦作⿰言纍。論語：讄曰：禱爾于上下神祇。今本借誄，誄，謚也。

童 男有罪爲奴曰童，女曰妾。从䇂，重省聲。此童僕之童，僮子之僮从人。

今互易之。

融 炊气上出也。从鬲蟲省聲。

度 法制也。从又。庶省聲。

事 从史之省聲。

段 此鍛鍊之古字。从殳。耑省聲。鍛緞碫从之。

將 帥也。从寸。牆省聲。扶將之將本作牂。

皮 从又。爲省聲。疑是象形。

𢻱 而涉切。使也。从攴耴。省聲。

眴 本古瞬字。舒閏切。今黄絢切。目搖也。从勻省聲。亦作眴。

[illegible] 从白。白同自。蕎省聲。

閵 良刃切。含閵。鳥名。从隹兩省聲。藺从之。閟亦从兩省聲。玉篇作𨵿。

羔 从羊。照省聲。

受 从𠬪。舟省聲。鐘鼎作𦨣。不省。

脃 此芮切。少血易斷也。从肉。絕省

聲。

觧　於角切。調弓也。从角，弱省聲。

豈　此凱歌之正字。从豆，微省聲。

矤　古矧字。从矢，引省聲。

覃　長味也。从㫗，古厚字。鹹省聲。

复　古復字。行故道也。从夊，畐省聲。腹輹複鰒从之。

梓　从木，宰省聲。或作榟。

鬱　迂弗切。木叢生也。从林，鬱省聲。

産　从生，彥省聲。

贛　此端木子貢之貢之正字。从貝，竷省聲。贛，賜也。貢，獻也。

㬥　女版切。溫溼也。从日，赧省聲。

夜　从夕，亦省聲。

夢　不明也。从夕，瞢省聲。此視天夢夢之夢。莫忠切。

秋　从禾，龜省聲。籒文作龝。

黎　从黍，𥝩省聲。家　从宀，豭省聲。宮　从宀，躳省聲。

疫　从疒，役省聲。席　从巾，庶省聲。傷　同𥏼，从𥏼省聲，省矢之大而遂人於易之上也。量　从重省，曏省聲。案此字可疑。監　从臥，衉省聲。

袁　長衣皃，从衣，叀省聲。耄　九十曰薹，从老，蒿省聲。充　从儿，育省聲。

貌　从皃，皃古貌字，豹省聲。哂　从欠，引省聲。款　苦管切，意有所欲也，从欠，窾省聲，亦作欵。㣎　細文也，从彡，𡮢省聲。彙古蝟字。从㣇，胃省聲。狄 赤狄本犬種。从犬，赤省聲。能 从能，炎省聲。羆 从熊，罷省聲。焦 从火，雥省聲。古作爨。奚 从犬，䜌省聲。䜌古系字。

恬 从心，甛省聲。愯 息拱切。思也。从心，雙省聲。潸 所姦切。涕流皃。从水，㪚省聲。

歹 五割切。水流歹歹也。从川，歺省聲。列从之。歺，隸亦變爲歹。鮺 今作鮓。藏魚也。差省聲。陛 邊兮切。牢也。从非，陛省聲。熒 渠營切。回飛疾也。从凡，營省聲。

籍 士革切。刺也。从手，籍省聲。妓 倉案切。三女爲妓。从女，奻省聲。今通用粲。

㛴 从女，𡿺省聲。俗作惱。

望 从亡，朢省聲。

縱 足容切，絨屬，從省聲。

紂 緧也，从糸，肘省聲。

蠚 呼各切，螫也，从虫，若省聲。

𡫳 實也，从心，塞省聲。說文引書剛而𡫳，今本作塞。又詩其心塞淵，皆借字，𡫳其正字。又案寒塞上半篆異，隸同。蹇褰騫鶱皆从寒省聲，而愆之或體𡫳与訓實之𡫳其形不別。

埾 寸句切，土積也，从土，聚省聲。

毀 从土，毇省聲。

酎 除柳切，从酉，肘省聲。

右从省聲者凡八十一文

形聲字僅收四種凡三百八十九文

象形指事會意形聲凡二千三十六文

補闕 說文序例偏旁所有，而篆文未出，補記於此，以備參檢。

蓺 卽埶字，見爇槸二字下。**筮** 蓋筭之小篆，見噬澨二字下。**矩** 蓋巨之小篆，見讐下。

恝 蓋悆之或體，見瘛下。**劉** 見鎦瀏下。**希** 从希者十一字，嚴鐵橋據金刻，定爲黹之古文。

免 从之者九字，蓋从兔而挩其尾。**由** 蓋甹之古文，从之者二十二字。**㡀** 字林以爲㡀字，見蔽下。

謣 見禑下，玉篇有謣字。**妥** 見綏下。**緜** 見櫞闢圝下。**咼** 与咼同，見瑦猧下。

畾從之者十一字。說見象形篇。

筆畫索引

索引中所收字按筆畫數從少到多排序。筆畫數相同的字，一至四畫字按起筆筆形，五畫以上字按前兩筆筆形一（橫）、丨（豎）、丿（撇）、丶（點）、乙（折）的順序排列。爲方便大家使用，我們多采用通行字。

音序索引

右文字蒙求一書菉友同年爲余所輯錄也菉友於說文之學融會貫通凡所折衷悉有依據著有釋例二十卷將以問世余以其書非初學所能讀也強使條分縷析彙爲此書雖云緒餘而已沾匄無窮矣亟梓之以公同好將見讀說文者亦將以此導其先路豈僅足以給童蒙之求哉益都陳山嵋跋